테니스 이너 게임

KB065685

THE INNER GAME OF TENNIS

테니스 이너 게임: 최고의 기량을 발휘하기 위한 정신적 측면에 대한 지침

초판 1쇄 발행 2022년 9월 26일
초판 2쇄 발행 2023년 6월 30일

지은이   티머시 갤웨이
옮긴이   김기범
디자인   류은영
펴낸이   김성현
펴낸곳   소우주출판사
등록   2016년 12월 27일 제 563-2016-000092호
주소   경기도 용인시 기흥구 보정로 30
전화   010-2508-1532
이메일   sowoojoopub@naver.com

ISBN   979-11-89895-09-9

값 15,000원

테니스 이너 게임

최고의 기량을 발휘하기 위한 정신적 측면에 대한 지침

티머시 갤웨이 지음   김기범 옮김

소우주

나를 테니스의 세계로 이끌어주신
부모님과 승리의 진정한 의미를 깨우쳐준
마하라지에게 이 책을 바친다.

진정한 게임은 어떤 것일까?
가슴이 뛰는 게임, 즐길 수 있는 게임,
그리고 승리하는 게임이다.

– 마하라지 –

서문

피트 캐럴
미국 서던캘리포니아대학교(USC) 미식축구팀 감독

　서던캘리포니아대학교 미식축구팀에게 2005년 내셔널 챔피언십은 그야말로 최고의 무대였다. 이 위대한 명승부를 펼치기까지 우리는 여러 해 동안 많은 도전에 직면했었다. '세기의 게임'이라는 광고 문구에서도 짐작할 수 있겠지만, 그해 페덱스 오렌지볼FedEx Orange Bowl(미국의 6대 대학 풋볼 게임 중 하나로, 동부 지역 우승팀과 타 지역 우승팀 혹은 그에 준하는 상위권 대학 풋볼팀을 초청해서 열리는 플레이오프. 2005년 당시는 페덱스가 메인 스폰서였으며, 현재는 펀드 회사인 캐피털 원Capital One이 대회 메인 스폰서이다 - 옮긴이)에서는 1위 팀인 USC와 2위 팀인 오클라호마의 경기가 전국으로 텔레비전 중계되어 역대 최다 시청자 기록을 세웠다. 대학 스포츠 최고의 무대에서 펼쳐진 빅 게임에서 승리한 그날은 선수와 코치, 팬들 모두에게 너무나 멋진 밤이었다.

그 경기는 미국에서 가장 뛰어난 대학 운동선수들이 보여준 신체적인 대결로 설명할 수 있을 것이다. 그날의 경기는 선수들의 뛰어난 기량과 인상적인 플레이메이킹 장면으로 기억되겠지만, 선수들의 마음속에는 그보다 훨씬 더 미묘한 전쟁이 일어나고 있었다. 그날의 위대한 경기를 가능하게 한 정신적인 측면이야말로 극적인 결과를 만들어 낸 가장 중요한 요인이었을 것이다.

티머시 갤웨이는 이렇게 중요한 정신적 요소를 '이너 게임'이라고 부른다. 운동 선수가 최고의 기량을 선보이기 위해서는 자신의 마음을 다룰 수 있어야 한다. 어떤 수준의 선수이건 간에 경기력을 온전히 발휘하려면 정신적 요소와 직면할 수밖에 없다. 이들은 경기를 방해하는 모든 잡념에서 벗어나 마음을 비운 상태에서 경기에 임하는 능력을 키워야 한다.

오래전 대학원생 시절에 이 책을 접한 뒤, 나는 갤웨이의 가르침이 스포츠에서 최고의 기량을 발휘하는 데 어떤 도움을 주는지 깨달았다. 평온한 마음 상태에서 경기하는 것이 주는 이점에 익숙해지면서 신뢰와 집중의 원칙을 개인을 넘어 팀에도 도움이 될 수 있는 특성으로 적용해 보기 시작했다.

본질적으로 이너 게임은 우리 프로그램의 모든 측면에 연결되어 있다. 오랜 기간 챔피언십 레벨에서 멋진 경기를 펼치는 데 필요한 자신감은 반복적인 연습으로만 기를 수 있다. 선수들은 절제된 연습을 통해 우리의 코칭과 선수 본인에 신뢰를 갖게 되고, 어떠한 환경에서도 흔들리지 않고 집중할 수 있다는 자신감도 얻을 것이다.

자체 연습 경기를 준비하든 내셔널 챔피언십 게임에 대비하든 간에 이너 게임의 원칙은 우리 프로그램의 근간에 자리 잡고 있다. 이 이너 게임의 원칙을 이해한다면, 당신은 차분한 마음으로 집중력을 발휘해 진정으로 경기에 임할 수 있을 것이다.

들어가며

모든 게임은 두 부분으로 나눌 수 있다. 외면의 게임과 내면의 게임이다. 외면의 게임은 눈에 보이는 대상을 상대로 눈에 보이는 난관을 극복하고, 마침내 외적인 성취를 이루는 것을 말한다. 이와 관련해서는 최상의 결과를 얻기 위해 라켓이나 골프 클럽, 야구 방망이를 어떻게 휘둘러야 하는지, 그리고 팔과 다리, 몸통의 자세는 어떻게 취해야 하는지 등에 대해 상세하게 기술한 책이 이미 여러 권 나와 있다. 그러나 우리는 이러한 지시 사항을 머리로 익히더라도 실제 게임에 쉽게 적용하지는 못한다. 왜 그럴까?

나는 이 책을 통해, 상대적으로 간과되는 내면의 게임, 즉 이너 게임의 기술에 주의를 기울이지 않고서는 어떤 경우에도 만족스러운 결과를 얻거나 최고의 경지에 도달하기 어려울 거라는 말을 하고자 한다. 이너 게임이란 선수가 집중력 상실이나 긴장, 자신감 저하, 자책과 같은 장애물에 맞서 마음속에서 펼치는 경기를 말한다. 간단히 말하면, 최고의 기량을 발휘하는 걸 방해하는 모든 정신적 습관을 극복하는 것이다.

어떤 날은 경기가 잘 풀리지만 어떤 날은 정말 안 된다. 또 경기를 치르는 동안 중요한 순간에 결정적인 샷을 성공시키기도 하지만 쉬운 샷을 놓치는 경우도 있다. 왜 그럴까? 나쁜 습관을 버리고 새로운 습관을 들이는 데 긴 시간이 걸리는 이유는 뭘까? 이너 게임에서 승리한다고 트로피를 받을 수 있는 것은 아니지만 이것은 트로피보다 더 오래 지속되고, 코트 안에서는 물론 밖에서도 선수의 성공에 중요하게 작용할 수 있는 가치 있는 보상을 안겨줄 것이다.

이너 게임에 참가한 선수에게는 이완된 상태에서 집중하는 기술이 무엇보다 중요하다. 그러면 자신감의 진정한 근간을 발견할 것이고, 지나치게 노력하지 않는 것이 게임에서 이기는 비결이라는 사실을 알게 될 것이다. 고요한 마음 상태에서 몸과 마음이 하나가 되는 순간에 자연스럽게 기량이 발휘되도록 하는데, 이러한 기량은 놀랍게도 계속해서 한계를 뛰어넘는다. 또한 이너 게임에 참가한 선수는 시합에서 흔히 겪는 심리적 장애물을 극복해 가는 동안 이기고자 하는 의지가 충만해질 것이며, 설사 지더라도 좌절하지 않게 된다.

무언가를 배우고 행할 때 우리 대부분이 알고 있는 것보다 훨씬 자연스럽고 효과적인 방법이 있다. 이는 마치 걷고 말하는 법을 배우는 것처럼, 우리가 모두 거쳐 왔지만 금방 잊어버리고 마는 방법과 비슷하다. 이 방법은 우리 마음이 지닌 직관적인 능력, 그리고 좌뇌와 우뇌를 모두 사용한다. 따로 배울 필요도 없다. 이미 모두가 알고 있는 방법이기 때문이다. 당신이 해야 할 일은 이 방법에 방해가 되는 습관을 버리고 몸이 알아서 하도록 그냥 내버려 두는 것뿐이다.

이너 게임이 추구하는 것은 인간에 내재된 잠재력을 발견하고 개발하는 일이다. 이제 테니스를 도구 삼아 그 길을 탐험해 보자.

제1장

테니스의 정신적 측면에 관하여

슬럼프에 빠진 선수들의 가장 큰 고민거리는 무엇일까? 라켓을 어떻게 휘둘러야 할지를 고민할까? 이에 관해서라면 책이나 전문가들에게서 충분한 정보를 얻을 수 있을 것이다. 신체적인 문제에 관한 불평도 크게 늘어놓지 않는다. "뭘 해야 하는지는 알겠는데, 어떻게 할지를 모르겠어요!" 이는 아마도 스포츠 선수들의 입에서 가장 많이 나왔던 불만일 것이다. 그 밖에도 테니스 코치가 선수로부터 흔히 접하게 되는 불평은 다음과 같다.

연습 때는 잘 되는데 시합에서는 안 돼요.

포핸드의 문제가 뭔지는 확실히 알겠는데, 습관을 고칠 수가 없어요.

책에 나온 대로 스트로크를 하려고 무진장 애쓰지만 제대로 맞는 게 없습니다.

한 가지에 집중하면 다른 신경 써야 할 부분들은 모두 잊어버려요.

저보다 잘 치는 사람을 상대로 매치포인트를 잡을 때면 항상 긴장하게 되면서 집중력이 떨어집니다.

최대의 적은 바로 접니다. 항상 자멸하고 말거든요.

어떤 종목의 선수이건 위와 비슷한 문제를 종종 경험한다. 하지만 이에 대한 구체적인 해결 방안을 찾는 것은 그리 쉬운 일이 아니다. '테니스는 심리적인 요소가 중요한 스포츠이니 정신력을 키워야 한다'거나 '자신감과 승부욕이 없으면 지고 말 것이다'와 같은 말은 흔히 접하는 식상한 조언이지만 정작 문제 해결에는 별 도움이 안 된다. 도대체 어떻게 해야 '자신감'을 가지고, '정신력'을 키울 수 있단 말인가? 어려운 질문이다.

공을 치는 방법에 관한 기술적인 요소를 실제 행동으로 옮기는 과정에는 정신적인 부분이 분명히 중요한 역할을 한다. 따라서 이를 향상시키는 방법에 대해 논의할 필요가 있을 것이다. 이러한 내면의 기술을 개발하는 것은 뛰어난 경기력을 갖추기 위해 필수적인 요소이며, 이 책 『테니스 이너 게임』의 주제이기도 하다.

전형적인 테니스 레슨

열의에 가득 찬 신입 테니스 코치에게 레슨을 받는 수강생의 머릿속을 한번 상상해보자. 열정만큼은 결코 코치에게 뒤지지 않는 이 수강생은 자신이 속한 테니스 클럽에서 랭킹을 끌어올리고자 마음을 굳게 먹은 중년의 기업인이다. 코치는 공 박스를 가지고 네트 앞에 서서 생각한다. '이 사람이 수강료가 아깝다고 생각하지는 않을까?' 그는 모든 샷을 하나하나 주의 깊게 분석한다. "좋습니다. 하지만 팔로우 스루를 할 때 라켓 면이 약간 눕는군요. 공이 오면 몸을 움직이면서 앞발에 체중을 실어보세요. 준비가 약간 늦군요. 마지막 공을 칠 때 백스윙이 조금 높았어요. 좋아요. 훨씬 낫네요." 자, 이제 웨일 씨의 머릿속에는 해야 할 일 6가지와 하지 말아야 할 일 16가지가 뒤죽박죽 섞여 있을 것이다. 실력이 늘었는지는 분명하지 않지만 모든 스트로크를 낱낱이 해부해서 문제점을 파악했기에 웨일 씨와 코치 모두 만족한다. 수강료가 아깝지 않았다. 코치는 마지막으로 덧붙였다. "오늘 말씀드린 것만 연습하세요. 실력이 팍팍 늘 겁니다."

나도 초보 코치 시절에는 과도하게 주문을 하곤 했다. 그러던 중, 한 번은 편안하게 마음을 먹고 조언을 줄이면서 관찰에 좀 더 치중하려고 해 보았다. 그러자 놀라운 일이 벌어졌다. 내가 지적하지 않았던 부분들, 수강생들은 인지조차 하지 못했던 부분들이 저절로 교정되는 게 아닌가? 이게 도대체 어떻게 된 일일까? 흥미로운 결과였지만 이성적으로 받아들이긴 어려웠다. 의도해서 좋아진 게 아니었기에 내가 한 일이라고 생각할 수도 없었다. 더 충격적이었던 점은, 말로 지시하는 경우 원하는 방향으로 고쳐질 가능성이 오히려 줄어들기도 한다는 사실이었다.

당신이 코치라면 이 말의 의미를 쉽게 알 수 있을 것이다. 평범한 수강생이었던 도로시의 예를 들어보자. 나는 요구 사항을 최대한 부드럽게 전달하려고 했다. "팔로우 스루를 할 때는 허리 높이에서 어깨까지 부드럽게 들어 올려 보세요. 톱스핀이 걸리기 때문에 공이 코트 안에 떨어질 겁니다." 도로시는 내 지시를 충실히 수행하려 한다. 하지만 입 주위 근육이 긴장하고, 미간에 주름이 생기고, 두 팔에는 힘이 잔뜩 들어가면서 부드러운 스윙은 기대할 수 없다. 다음 공을 칠 때 팔로우 스루는 약간 더 올라가는 데 그쳤다. 이러한 상황에서 코치의 반응은 뻔하다. "좋습니다. 하지만 긴장을 좀 더 풀어보세요. 힘이 너무 들어가네요!" 맞는 말이다. 하지만 도로시는 도저히 알 수가 없다. 대체 어떻게 해야 공을 제대로 맞히기 위해 노력하면서 동시에 긴장을 풀 수 있단 말인가?

그렇다면 왜 그다지 어렵지 않은 동작을 할 때 불필요하게 힘이 들어갈까? 이건 도로시만의 문제가 아니라 우리 모두가 흔히 경험하는 일이다. 코치의 지시를 듣는 순간부터 스윙이 종결되는 순간까지 그녀의 머릿속에는 어떤 일이 벌어질까? 도로시와의 레슨이 끝나자 나는 이 문제에 대한 해답의 실마리를 얻을 수 있었다. 그녀의 머릿속에는 생각이 너무 많았다! 내 지시대로 스윙하려고 지나치게 신경 쓰다 보니 정작 공에 집중하지 못한 것이다. 그 순간, 나는 결심했다. 이제 테니스를 가르칠 때 말을 많이 하지 않으리라.

다음은 폴과의 레슨이었다. 그는 라켓조차 잡아본 적이 없는 생초보였다. 나는 최소한의 지시만 내리면서 테니스 치는 법을 가르쳐 보고자 했다. 즉, 그의 머릿속이 혼란스럽지 않게 하면서 결과에 차이가 생기는지 확인하려는 것이다. 우선 그에게 이 새로운 시도에 관해 설명했다. 그립 잡는 법부터 시작해 스트로크와 풋워크에 이르기까지, 포핸드를 가르칠 때 통상적으로 했던 설명을 모두 생략할 참이었다. 대신 내가 직접 10번 정도 포핸드 스트로크 시험을 보였다. 폴에게는 주의 깊게 지켜보되, 내가 하는 동작에 대해 생각하지는 말고 시각적 이미지만 얻으라고 했다. 머릿속으로 이러한 동작을 몇 차례 반복한 다음, 흉내 내도록 하려는 것이다. 내가 10차례 포핸드를 친 다음, 폴은 같은 동작을 시행하는 상상을 했다. 그러고 나서 그의 손에 라켓을 쥐여 주고, 적당한 그립을 잡도록 했다. "맨 먼저 발부터 움직이시더군요." 폴이 말했다. 나는 별다른 언급을 하지 않은 채 나의 포핸드와 가능한 한 비슷하게 따라 해 보라고 했다. 그는 공을 떨어뜨리고, 완벽한 백스윙에 이어, 라켓 면을 똑바로 세운 상태로 어깨높이까지 부드럽게 스윙을 했다. 첫 시도부터 완벽했다. 단 한 가지만 빼고. 그의 발이 문제였다. 처음 준비 자세에서 단 한 발짝도 움직이지 않은 채 바닥에 고정되었던 것이다. 이 부분을 지적하자 폴이 말했다. "아, 깜빡했네요!" 포핸드 스트로크 동작의 여러 요소 중 폴이 의식적으로 기억하려고 했던 한 가지만 잊어버렸다. 한 마디의 지시 사항도 없었지만, 그 외 모든 동작은 온몸으로 흡수하고 그대로 재현해낸 것이다!

나는 이제 훌륭한 테니스 코치와 학생이라면 누구나 알아야 할 점을 깨달았다. 즉, 이미지가 말보다 낫고, 장황한 설명보다는 보여주는 것이 바람직하며, 너무 많은 것을 주문하는 것은 차라리 안 하는 것만 못하고, 노력이 오히려 독이 되는 경우도 있다는 사실이다. 하지만 한 가지 질문이 여전히 입안을 맴돌았다. 노력하는 것이 왜 문제가 되는 것일까? 지나치게 노력한다는 건 도대체 무슨 의미일까?

마음을 비우고 플레이하기

환상적인 샷을 구사하는 선수, 무아지경에서 플레이하는 선수의 마음속을 한번 들여다보자. 공이 올 때마다 어떻게 쳐야 할지를 생각할까? 생각을 하면서 치기는 하는 걸까? 우리는 이들을 어떻게 묘사하는가? "마음을 비웠네요.", "무의식적으로 치는군요.", "본인도 어떻게 치고 있는지 모를 겁니다." 이런 말들의 공통점은 정신의 일부분이 활발하게 작동하고 있지 않다는 의미이다. 대부분의 스포츠에서 선수들도 같은 말을 한다. 생각이 많으면 최고의 기량이 나오기 어렵다고 말이다.

물론 무의식적으로 경기를 하는 것이 의식이 없는 상태에서 경기한다는 의미는 아니다. 그건 거의 불가능할 테니 말이다. 사실 '마음을 비운' 선수야말로 공에 더 집중하고, 코트의 상황이나 상대 선수에게 더욱 집중한다. 하지만 자신에게 많은 주문을 하지는 않는다. 공을 어떻게 칠지, 범실이 나오는 부분을 어떻게 교정할지, 방금 친 샷을 어떻게 재현할지 고민하지 않는 것이다. 그는 분명히 깨어 있다. 하지만 생각을 하지는 않는다. 그리고 무엇보다도 지나치게 노력하지 않는다. 이런 상태의 선수는 공을 어디로 보내야 할지 알고 있지만 원하는 곳으로 보내려 '애써 노력하지'는 않는다. 그냥 자연스럽게 하는 것이다. 기대했던 것보다 오히려 더 정확하게 말이다. 그는 몰입의 상태에서 일련의 동작을 수행하는 것이고, 강력하고 정확한 샷을 구사한다. 이렇게 '환상적인 샷'은 본인이 이를 의식하기 시작하고, 유지하려고 노력하는 순간 더 이상 나오지 않게 된다. 통제하려고 하면 잃어버리는 것이다.

이 이론을 검증하는 방법은 간단하다. 스포츠맨십에 약간 어긋나는 행동을 감수할 수만 있다면 말이다. 상대 선수가 멋진 샷을 계속 친다면 코트를 바꾸자고 하면서 다음과 같이 한번 말해보자. "이봐, 조지. 오늘 포핸드 죽이는데? 대체 어떻게 치는 거야?" 그가 당신의 꼼수에 넘어간다면(95%의 성공 가능성을 보장한다) 자신의 스윙을 한번 돌이켜 볼 것이다. 그러고는 공을 앞에서 맞히고, 손목을 고정하고, 팔로우 스루에 좀 더 신경 쓰고… 등등을 말로 설명함과 동시에 이를 재현하고자 할 것이다. 그러면서 타이밍을 놓치고, 몸에 힘이 들어가면서 그의 테니스는 갑작스러운 반전을 맞이할 것이다.

의식적으로 '마음을 비우고' 치는 것이 과연 가능한가? 어떻게 '의식적으로' 의식하지 않으려 할 수 있는가? 이러한 말 자체도 모순된 것처럼 들린다. 하지만 이는 결코 불가능한 것이 아니다. '무의식적'으로 치는 선수의 마음은 고도로 집중하고 있는

정적 상태이다. 이러한 상태에서는 마음이 몸의 움직임과 하나가 되며, 사고의 개입 없이 무의식 모드 또는 자동 모드로 작동한다. 몰입 상태에서는 몸이 어떻게 반응하는지는 고사하고 무엇을 하고 있는지조차 생각할 여지가 없다. 선수가 이러한 상태에 놓이면 굳이 외부에서 개입하지 않아도 자신의 잠재력을 최대로 발휘하면서 경기를 펼치고, 즐기면서 새로운 것을 터득할 수 있다.

이러한 상태에 도달하는 능력을 갖추는 것이 바로 이너 게임 Inner Game의 목표이다. 이를 위해서는 내면의 기술을 개발하는 것이 필요하다. 하지만 흥미로운 사실은 테니스를 통해 집중하고 자신을 신뢰하는 방법을 배울 수 있다면, 당신이 얻는 것은 단지 강력한 백핸드 스트로크에 국한되지는 않을 것이라는 점이다. 백핸드는 테니스 코트에서만 도움이 되지만, 자연스러운 몰입의 기술을 터득하는 것은 무슨 일에서건 소중한 자산이 될 것이 틀림없다.

제2장

두 자아의
발견

레슨을 하면서 내 눈앞에서 벌어진 일을 직접 목격하고 나서야 자연스러운 몰입의 기술을 이해하게 되었다. 선수들이 코트에서 자신에게 외치는 소리를 들어보자. "컴온 톰, 공을 앞에서 맞혀야지".

선수들의 머릿속에서는 어떤 일이 벌어질까? 도대체 누가 누구에게 무슨 말을 하는 것일까? 선수들 대부분은 코트에서 거의 항상 자신에게 주문을 한다. '미리 준비해!' '백핸드 집중 공략!' '공에서 눈을 떼지 말고!' '무릎 구부리고!' 요구는 끝이 없다. 마치 머릿속에서 지난 레슨의 녹음 내용을 틀어 놓은 것처럼 들리기도 한다. 샷을 치고 나면 이런 생각이 들지도 모른다. '이런 멍청이 같으니. 할머니도 너보다는 잘 치겠다!' 어느 날 나는 내 자신에게 중요한 질문을 던졌다. 누가 누구에게 말을 하는 것일까? 혼내는 이는 누구이고, 혼나는 이는 누구인가? "내가 나 자신에게 말하는 거죠." 다들 이렇게 대답한다. 하지만 여기서 '나'는 누구이고, '자신'은 누구인가?

'나'와 '자신'은 분명 다른 두 개체임이 분명하다. 그렇지 않다면 대화라는 것이 성립될 수 없을 테니 말이다. 그렇다면 모든 선수의 머릿속에는 두 개의 '자아'가 있다고 가정할 수 있다. 첫 번째 자아인 '나'는 명령을 내리는 존재인 것 같고, 두 번째 자아인 '자신'은 행동을 수행하는 쪽인 듯하다. 그리고 다시 '나'가 그 행동을 평가한다. 좀 더 명확하게 구분하기 위해서 '명령을 내리는 쪽'을 '자아 1'이라고 하고, '행동을 하는 쪽'을 '자아 2'라고 부르자.

이제 내면의 게임의 첫 번째 주요 가설이 나올 차례다. 모든 선수에서 자아 1과 자아 2의 관계는 기술에 대한 지식을 실제 동작으로 옮기는 능력을 결정하는 주된 요소가 된다. 달리 말하면 테니스를 좀 더 잘 치기 위해서, 아니 어떤 것이든 좀 더 잘하기 위해서는 의식의 명령자인 자아 1과 타고난 재능인 자아 2 사이의 관계를 개선하는 것이 중요하다.

자아 1과 자아 2의 전형적인 관계

자아 1(명령자)과 자아 2(실행자)가 한 사람의 일부가 아니라 각각 다른 두 사람이라고 가정해보자. 다음 대화를 듣고 나서 이들 간의 관계가 어떤지를 한번 생각해보자. 코트에 선 선수는 스트로크를 개선하기 위해 노력 중이다. '이런 젠장, 손목을 고정해야지!' 스스로 되뇐다. 하지만 공이 계속 네트에 걸리자 자아 1은 자아 2에 말한다. '손목 고정. 손목 고정. 손목 고정!' 매번 같은 소리가 지겨운가? 자아 2는 어떻게 생각할까? 자아 1은 자아 2가 잘 듣지 못하거나, 기억력이 안 좋거나, 멍청하다고 생각하는 것 같다. 하지만 실상은 전혀 그렇지 않다. 무의식과 신경계를 포괄하는 자아 2는 모든 것을 들을 수 있고, 어떤 것도 절대 잊어버리지 않으며, 결단코 멍청하지 않다. 공을 강하게 제대로 한번 치고 나면, 이를 반복하기 위해 어떤 근육을 얼마나 수축시켜야 하는지 평생 잊지 않는다. 그것이 바로 자아 2의 본 모습이다.

공을 치는 순간 어떤 일이 벌어질까? 선수의 표정을 자세히 살펴보면 볼 근육이 긴장되고, 입술을 앙다물며 집중하려는 모습을 볼 수 있다. 하지만 사실 얼굴에 힘이 들어간다고 해서 백핸드를 잘 치게 되거나 집중을 하는 데 도움이 되지는 않는다. 누가 이러한 노력을 하는 걸까? 물론 자아 1이다. 하지만 왜? 자아 1은 명령자이지 실행자는 아닌데 말이다. 자아 1은 자아 2를 전적으로 신뢰하지 못하기에 스스로 일을 하는 것이다. 문제의 핵심은 바로 이것이다. 자아 1은 자아 2를 신뢰하지 않는다. 자아 2는 당신이 지닌 모든 잠재력을 표출하는 존재이고, 우리 몸의 근육 조절에서 자아 1보다 훨씬 더 능숙함에도 불구하고 말이다.

아까 그 선수에게 다시 돌아가 보자. 그의 근육은 과도한 노력으로 긴장된 상태이며, 공을 치는 순간 손목이 약간 꺾이면서 공은 뒤쪽 담장을 맞히고 만다. '이런 멍청이, 평생 가도 백핸드는 못 배우겠구먼.' 자아 1이 불평한다. 자아 1의 지나치게 많은 생각과 노력으로 몸에 힘이 들어가고, 근육이 부드럽게 움직이지 못하게 되었다. 결과에 대한 책임은 자아 1의 몫이지만 그는 자아 2에 책임을 떠넘긴다. 그리고 비난을 퍼부으면서 자아 2를 불신한다. 스트로크가 더 나빠지고, 절망감이 쌓이는 것은 자명한 결과다.

'열심히 노력하기' : 미심쩍은 덕목

우리는 어렸을 때부터 열심히 노력하지 않으면 어떤 것도 성취할 수 없을 것이라는 말을 들어오지 않았는가? 그렇다면 지나치게 노력한다는 것은 대체 무슨 말인가? 적당히 노력하는 것이 최선인가? 우리는 앞의 내용을 통해 두 가지 자아의 개념을 알고 있다. 이제 다음의 사례를 읽고 나서 이 역설적인 상황에 대한 해답을 구해보도록 하자.

내가 이 문제로 고민하던 어느 날, 한 쾌활하고 매력적인 주부 회원이 레슨을 신청했다. 그녀는 테니스를 포기할지 말지 기로에 서 있다고 했다. "몸이 따로 놀아요. 실력이 늘어서 남편이 의무감에 혼합복식 파트너를 자청하지 않길 바라거든요." 그녀는 의기소침한 모습으로 말했다. 뭐가 문제인 것 같은지 묻자 그녀는 대답했다. "우선 공을 제대로 맞히질 못해요. 대부분이 프레임에 맞거든요."

"그래요? 어디 한번 봅시다" 공 박스를 가져온 나는 그녀의 포핸드 쪽으로 공을 10개 보냈다. 정확히 허리 높이였고, 발을 움직일 필요가 없도록 바로 앞에 던져 줬다. 10개의 공 중에서 8개가 프레임에만 맞거나 프레임과 스트링에 걸쳐서 맞았다. 나는 당황했다. 그녀는 엄살을 부린 게 아니었다. 혹시 시력에 문제가 있는지 물었지만, 눈은 전혀 이상이 없다고 했다.

나는 조앤에게 몇 차례 실험해보자고 했다. 먼저 라켓의 중심으로 공을 치도록 특별히 신경 써 보라고 했다. 이런 요구가 아마도 더 안 좋은 결과를 초래할 것으로 예상했고, 과도하게 노력하는 것에 대한 나의 견해를 뒷받침하리라 기대했다. 하지만 새로운 이론이 언제나 잘 들어맞는 것은 아니다. 그녀는 6개의 공을 프레임으로 쳤다. 두 번째 실험은 일부러 프레임으로 치는 것이었다. 이번에는 프레임에 4번만 맞았고, 나머지 6번은 라켓 면에 제대로 맞았다. 그녀는 약간 놀란 듯했다. 하지만 그녀는 본인의 자아 2를 무시하며 말했다. "의도한 대로 되는 게 하나도 없네요!" 그녀의 말은 중요한 사실을 내포하고 있었다. 그녀의 '의도'가 도움이 되지 않는다는 사실이 입증된 것이다.

다음 번 공을 치기 전에 나는 조앤에게 말했다. "이번에는 공의 솔기에 집중해보세요. 공을 맞히는 건 생각하지 말고요. 공을 치려 하지 말고 라켓이 알아서 공에 닿도록 내버려 두세요. 어떻게 되나 한번 봅시다." 조앤은 긴장이 다소 풀린 듯 보였고, 10개의 공 중에서 9개를 라켓 정중앙에 맞혔다! 마지막 공만 프레임에 맞았을 뿐이다. 이 마지막 공을 치면서 무슨 생각을 했는지 기억하냐고 물었다. "물론이죠." 그녀는 즐겁게 말했다. "마침내 테니스를 칠 수 있을지도 모르겠다고 생각했어요." 그녀의 말이 맞았다.

조앤은 자아 1의 에너지인 '강도 높은 노력'과 자아 2의 에너지인 '노력'의 차이를 인지하기 시작했다. 마지막 한 세트의 공을 칠 때 자아 1은 공의 솔기를 보는 데 빠져 있었다. 그 결과 자아 2는 방해받지 않고 자신의 실력을 마음껏 발휘할 수 있었다. 자아 1이 자아 2의 재능을 인지하기 시작할 때에도 조앤은 계속해서 훌륭하게 해낸 것이다.

테니스에서 바람직한 정신 자세를 갖추기 위해서는 몇 가지 내면의 기술을 익힐 필요가 있다. 1) 원하는 결과에 가장 가까운 모습을 그릴 줄 알기, 2) 자아 2가 최선을 다하고 성공과 실패로부터 배울 수 있도록 자아 2를 신뢰하는 법을 배우기, 3) 비판 없이 보는 방법을 배우기, 즉 좋고 나쁨의 판단 없이 현상을 직시하기. 이러한 3가지 내면의 기술을 통해 '과도한 노력'을 극복할 수 있다. 하지만 이들은 하나의 궁극적인 기술에 종속된다. 이 궁극의 기술 없이는 진정 가치 있는 것을 얻을 수 없다. 바로 이완된 집중의 기술이다.

『테니스 이너 게임』에서는 테니스를 매개로 이들 기술을 배울 것이다.

제3장

자아 1을
조용히 시키기

이제 우리는 한 가지 핵심적인 결론을 도출했다. 자아 1, 즉 자아-정신ego-mind의 지속적인 '사고' 활동이 자아 2의 타고난 능력을 방해한다는 것이다. 마음이 평화롭고 집중한 상태에서는 이들 두 자아가 조화를 이루며 공존한다. 바로 이때가 최상의 경기력이 발휘될 수 있는 순간이다.

테니스 플레이어가 절정의 기량을 드러내는 순간에는 공을 어떻게, 언제, 또는 어디로 쳐야 할지 고민하지 않는다. 공을 치려고 굳이 '노력'하지 않으며, 샷을 날린 다음에도 제대로 맞았는지 생각하지 않는다. '사고'라는 과정 없이 공을 치는 것이다. 물론 공을 보고, 소리를 듣고, 라켓에 맞는 느낌을 인지하며, 심지어 전술적인 측면을 가미할 수도 있다. 하지만 이러한 일련의 과정은 생각한 대로 행하는 것이 아니라 몸에 배어 있는 것이 자연스럽게 드러나는 것처럼 보인다.

일본의 선불교 지도자 스즈키D.T. Suzuki는 『궁도에서의 선Zen in the Art of Archery』이라는 책의 서문에서 자아-정신의 영향에 대해 다음과 같이 기술한다.

> 우리가 어떤 문제에 관해 심사숙고하고 이를 개념화하는 순간, 무의식은 사라지고 생각이 들어선다. 화살이 활에서 떠나지만 과녁을 향해 똑바로 날아가지 못한다. 과녁도 제자리에 위치하지 않는다. 계산에 오류가 생기고…
> 사람은 생각하는 갈대다. 하지만 생각이 개입하지 않을 때 비

로소 위대한 작품이 탄생할 수 있다. '아이와 같은 순수함'이
회복되어야 한다.

그렇기 때문에 '위대한 시는 침묵 속에서 창조된다'는 말이 있
는 것이다. 위대한 음악과 예술은 무의식의 심연에서 피어나고,
진정한 사랑은 말이나 생각으로는 도저히 표현할 수 없다. 스포
츠에서도 마찬가지다. 최고의 순간은 마음이 호수와 같이 잔잔
할 때 비로소 찾아온다.

인본주의 심리학자인 아브라함 마슬로우 박사Dr. Abraham
Maslow는 이러한 순간을 '절정의 경험peak experience'이라 불렀다.
그는 이러한 경험을 한 사람들이 어떤 공통점을 지니는지에 대
한 연구를 진행했고, 다음과 같은 성향을 보고했다. '두 자아가
통합됨', '경험과 하나가 됨', '자신의 파워가 절정이라고 느낌',
'자신의 기량을 모두 발휘함', '최상의 컨디션임', '자연스러움',
'막힘이나 억제, 주의, 공포, 의심, 통제, 보류, 자아비판, 멈춤이
없음', '자발적이고, 더욱더 창의적임', '이곳, 그리고 이 순간here
and now에 집중함', '추구하지 않고, 요구하지 않고, 바라지 않으
며… 본연의 모습 그대로임.'

절정의 경험을 떠올려보면 이러한 묘사가 어울릴 법한 순간이
떠오를 것이다. 이는 기쁨, 환희의 순간으로 기억될 수도 있다.
이러한 경험을 하는 동안 마음은 독립된 주체로서 어떻게 행동
을 해야 하는지 명령을 내리거나 당신을 비판하지 않는다. 그저

조용히 있을 뿐이다. 당신의 몸과 마음이 합일되는 순간, 강물이 흐르듯 자연스러운 행동이 뒤따른다.

이러한 상황이 테니스 코트에서 벌어진다면 우리는 집중하려고 노력하지 않으면서도 몰입한 상태가 된다. 자발적이면서 깨어있음을 느낀다. '과도하게 노력'하지 않고도 필요한 동작을 할 수 있으리라는 확신이 생긴다. 이러한 동작이 나오리라는 걸 그냥 아는 것이고, 실제로 그렇게 되더라도 내가 잘해서라고 생각하지는 않는다. 그보다는 운이 좋았다고, '축복받았다'고 느낀다. 스즈키의 말처럼 '아이와 같은' 상태가 되는 것이다.

새를 노리는 고양이의 균형 잡힌 동작을 떠올려보자. 자연스럽게 웅크린 자세를 취하며 모든 근육이 이완된 도약 직전의 상태다. 언제 뛰어오를지, 뒷다리를 어떻게 차야 적절한 거리를 날아갈지 생각하지 않는다. 다만 먹이에 온전히 집중할 뿐이다. 목표물을 놓칠 가능성이나 걱정 따위는 안중에도 없다. 오직 새만을 뚫어지게 보고 있다. 순간, 새가 날아오르고 동시에 고양이가 공중으로 솟구치며 완벽한 타이밍으로 두 다리를 허공에 띄운 채 저녁거리를 낚아챈다. 아무런 생각 없이 일련의 동작이 완벽하게 진행된다. 자축은 없다. 항상 그랬듯이 보답은 입안에 든 새뿐이다.

드물지만 테니스 선수도 마치 표범처럼 무념무상의 상태에 도달하기도 한다. 이러한 순간은 네트 앞에서 발리를 할 때 대개 경험하게 된다. 바로 앞에서 주고받는 샷이 너무나 빠르기 때문에 생각에 앞서 바로 행동이 요구된다. 그들은 종종 받으리라 엄두도 못 내던 샷을 완벽하게 쳐내면서 감탄을 금치 못한다. 예상보다 빠르게 움직여야 하기에 계획을 세울 시간은 없다. 어쩌다 보니 완벽한 샷이 나올 뿐이다. 이들 샷은 의도한 것이 아니기에 '운'으로 치부되기도 한다. 하지만 이러한 '운'이 반복된다면 자신에 대한 신뢰가 쌓이면서 마음 깊숙한 곳으로부터 자신감이 차오르는 것을 느끼게 된다.

요컨대, 뛰어난 플레이를 하려면 마음의 속도를 늦춰야 한다. 마음을 조용히 시키는 것은 생각, 계산, 판단, 걱정, 공포, 희망, 노력, 후회, 조절, 조바심, 산만함을 줄이는 것이다. 마음은 행동 및 이 행동의 주체와 이곳, 그리고 이 순간에 온전히 하나가 될 때 비로소 고요한 상태가 된다. 이러한 순간이 자주 나타나고 오래 지속되도록 하는 것, 마음을 점차 안정시키면서 학습 능력과 수행 능력을 극대화하는 것이 바로 이너 게임의 목표일 것이다.

이 시점에서 다음과 같은 의문이 들 수 있다. '테니스 코트에서 자아 1을 조용히 시키려면 어떻게 해야 하는가?' 이를 확인하기 위해 간단한 실험을 해보자. 자, 이제 책을 잠시 덮고 아무런 생각도 하지 말자. 얼마나 오랫동안 무념의 상태를 지속할 수 있는지 보는 것이다. 1분? 10초? 사고를 완전히 멈추는 것은 거의 불가능에 가까울 정도로 어렵다는 것을 알 수 있을 것이다. 생각이 꼬리를 물고 이어지기 마련이다.

대다수의 사람에게 마음의 평정이란 몇 가지 내면의 기술을 습득해야만 가능한 점진적인 과정이다. 이러한 내면의 기술은 우리가 어렸을 때부터 체득해 온 정신적 습관을 잊어버리는 것이다.

첫 번째로 배워야 할 기술은 자신에 대해, 그리고 자신의 플레이에 대해 좋다, 나쁘다 판단하는 습관을 버리는 것이다. 판단하지 않는 것은 이너 게임에 가장 기초가 되는 핵심 사항이다. 이 장을 끝까지 읽다 보면 그 의미를 좀 더 잘 알 수 있을 것이다. 판단하는 것을 잊어버려야지만 자발적이고 몰입된 상태에서 경기를 펼칠 수 있게 된다.

판단하지 않기

판단 과정은 대부분의 테니스 시합이나 레슨에서 쉽게 관찰할 수 있다. 플레이어의 얼굴을 자세히 보라. 머릿속으로 내리는 공에 대한 판단이 표정에 드러나는 것을 볼 수 있을 것이다. '나쁜' 샷을 치고 난 다음에는 얼굴을 찡그리고, '좋은' 샷을 치고 나서는 자신에 대한 만족감이 나타난다. 이러한 판단은 플레이어에 따라, 그리고 샷이 얼마나 마음에 드는지, 혹은 그렇지 않은지에 따라 다양한 어휘로 표현되기도 한다. 어떤 때는 단어가 아닌 어조로 판단을 하기도 한다. "또 빗맞았네요"라는 말은 어조에 따라 사실에 대한 단순한 기술일 수도 있지만 처절한 비판의 목소리일 수도 있다. "공을 보세요"나 "발을 움직이세요"와 같은 지시도 격려의 의도로 받아들일 수도 있지만, 자존심을 긁는 질책일 수도 있다.

판단의 의미를 좀 더 명확하게 이해하기 위해 한 가지 예를 들어보자. A와 B가 단식 경기를 하며, C는 심판이다. 타이 브레이크 첫 포인트 상황에서 A가 B에게 세컨 서브를 넣었다. 공은 서비스라인을 벗어났고, C는 '더블 폴트'를 선언했다. 자신의 서브가 아웃되고, '더블 폴트'라는 심판의 판정을 들은 A는 얼굴을 찌푸리면서 '형편없는' 서브라며 자책한다. 같은 공을 보면서 B는 미소를 지으며 만족감을 표시했다. 심판은 인상을 쓰지도 미소를 띠지도 않았다. 그는 단지 본 대로 선언했을 뿐이다.

여기서 말하고자 하는 점은 이 상황에서 각 선수가 느끼는 '좋음'과 '나쁨'은 샷 자체가 지닌 특성이 아니라는 점이다. 이는 각자의 반응에 따라 선수들 자신의 마음에서 추가된 평가일 뿐이다. A는 '더블 폴트를 범한 상황이 마음에 들지 않는다'고 했고, B는 '마음에 든다'고 했다. 한편 심판이라는 존재는 '판정judge을 내리는 사람'을 의미하긴 하지만 실제로 '좋다, 나쁘다'는 판단judge을 내리지는 않는다. 단지 공이 떨어진 위치를 보고 아웃을 선언했을 뿐이다. 이러한 상황이 여러 차례 반복된다면 A는 기분이 매우 안 좋아지고, B는 계속해서 만족하며, 이 모든 과정을 내려다보고 있는 심판은 시종일관 무관심한 태도로 지켜보기만 할 것이다.

여기서 말하는 판단이란 어떤 사건에 부정적이거나 긍정적인 가치를 부여하는 것이다. 즉, 당신이 경험한 사건 가운데 어떤 것은 바람직하고, 어떤 것은 그렇지 못하다고 말하는 것이다. 당신이 친 공이 네트에 걸리는 모습을 '좋다'고 할 수는 없다. 하지만 당신의 서브를 상대방이 받지 못해 에이스를 기록한다면 아마도 당신은 '좋다'고 판단할 것이다. 결국 판단이란 우리가 보고, 듣고, 느끼고, 생각하는 모든 경험에 대한 지극히 개인적인 반응이다.

이것이 테니스와 어떤 관계가 있을까? 판단한다는 것은 일련의 사고 과정을 유발하는 첫 단추와 같다. 첫째로 선수는 그의 샷이 좋은지, 나쁜지 판단하게 된다. 나쁘다고 판단한다면 뭐가 문제인지를 생각할 것이다. 그리고 나서는 어떻게 교정을 해야 하는지 자신에게 지시한다. 그리고 이렇게 지시를 내리면서 과도하게 노력을 하게 된다. 마지막으로 다시 평가를 한다. 마음이 평안할 리가 없고 몸은 온갖 노력을 기울이느라 쉴 틈이 없다. 그의 샷이 좋다고 판단한다면 자아 1은 어떻게 이 좋은 샷이 나왔는지 분석하기 시작한다. 그리고 나서 다시 자신에게 지시를 내리고, 열심히 노력하면서 이 샷을 재현하려고 한다. 이 두 과정 모두 추가적인 평가로 이어지고, 다시 사고 및 의식적 수행이 뒤따른다. 결과적으로 선수는 근육에 힘을 빼고 있어야 할 때 긴장하면서 스트로크가 부자연스럽게 되며, 부정적인 평가로 이어질 가능성이 커진다.

자아 1은 몇 개의 샷에 대한 평가를 마친 다음 이를 일반화하려는 경향이 있다. 하나의 샷을 '또 한 번의 백핸드 실수'로 판단하지 않고 '백핸드가 형편없다'고 생각한다. "이번 포인트에서는 너무 긴장했어요"라고 하는 대신 "당신 실력은 우리 클럽에서 바닥이야"라고 말하는 것이다. 이뿐만 아니다. "오늘은 컨디션이 안 좋아", "항상 쉬운 공을 실수해", "난 몸이 느려" 등등 일반화는 끝이 없다.

판단하는 마음이 어디까지 영향을 미치는지 한 번 보자. 처음에는 이렇게 시작할 것이다. "서브가 왜 이 모양이냐." 그러다가 이렇게 된다. "오늘은 서브가 안 들어가네." 몇 차례 '나쁜' 서브를 날린 다음에는 "내 서브는 형편없어"라고 말할지도 모른다. 그러고는 "난 최악의 테니스 선수야", "난 아무짝에도 쓸모가 없어"라는 말까지 나올 수 있다. 처음 한 번으로 시작한 판단이 몇 차례 반복된 다음, 이를 종합해 자신에 대해 판단을 하는 것이다.

이렇게 자신에게 내린 판단은 스스로 실현하는 예언인 경우가 흔하다. 자아 1이 자아 2에 대해 내리는 판단이 충분히 반복되면 자아 2에 대한 기대 내지는 판결로 굳어진다. 그러면 자아 2는 이러한 기대에 부합하려고 하기 시작한다. 자신을 서브가 약한 선수로 반복해서 생각한다면 일종의 최면이 걸리게 된다. 즉, 자아 2는 서브가 약한 선수의 역할을 부여받게 되고, 자신의 잠재력을 억제하면서 소임을 충실히 수행하는 것이다. 판단하는 마음이 부정적 판단에 기반한 자아 정체성을 확립하면, 최면이 풀릴 때까지 진정한 자아 2의 잠재력을 감추기 위한 역할극은 계속된다. 요약하자면, 생각한 대로 되기 시작하는 것이다.

백핸드 스트로크가 몇 차례 네트에 걸리면 선수는 자신이 '나쁜' 백핸드를 지녔다고 생각하거나 적어도 오늘 백핸드가 '안 맞는다'고 생각하게 된다. 그러면 그는 마치 아픈 사람이 의사를 찾아가듯이 코치에게 가서 문제를 고치려 한다. 코치는 백핸드 스트로크의 문제점을 진단하고 처방을 내려야 하는 입장이다. 이는 너무나도 익숙한 광경이다. 중국 전통 의학에서 환자는 아플 때가 아니라 멀쩡할 때 의사를 방문하고, 의사는 그들의 건강을 유지하는 역할을 한다. 이와 마찬가지로 테니스 코치에게도 판단을 내려달라고 하지 말고 있는 그대로의 백핸드 스트로크를 보여주며 조언을 구하는 것도 가능하지 않을까?

시합을 하면서 판단을 내리지 말라고 하면 판단하는 마음은 아마도 이렇게 말할 것이다. "아무리 노력해도 백핸드 스트로크를 코트 안으로 넣을 수 없다면, 그래도 내 문제점을 무시하고 아무렇지도 않은 척해야 한다는 건가요?" 여기서 분명히 짚고 넘어가야 할 점이 있다. 판단을 내리지 않는다는 것이 문제점을 무시하라는 의미는 아니다. 단지 어떤 사건을 있는 그대로 보라는 뜻일 뿐이다. 당신이 시합에서 첫 서브의 50%가 네트에 걸렸다고 해보자. 판단하지 않는 마음은 이러한 사실을 무시하지 않는다. 이날 서브에 문제점이 있다고 기술하며 원인을 찾으려 할 것이다. 판단은 서브가 '나쁘다'라고 말할 때 시작되며, 분노와 절망, 좌절이 뒤따르고 이후 경기를 방해하게 된다. 사건을 '나쁘다'라고 말하지 않아야만 판단 과정이 중단되고, 감정적 반응이 이어지지 않기 때문에 경기 방해를 최소화할 수 있다. 하지만 판단의 꼬리표는 대개 감정적 반응으로 이어지고, 지나친 긴장과 과도한 노력, 그리고 자신에 대한 비난이 뒤따르게 된다. 판단하는 단어가 아닌 서술하는 단어로 사건을 기술해야만 이러한 과정을 억제할 수 있다.

만약 판단하는 선수가 내게 온다면, '나쁜' 백핸드나 '나쁜' 선수에 관한 이야기는 가급적 귀담아듣지 않으려 할 것이다. 그가 친 공이 아웃되면, 아웃임을 인지하고 그 원인을 파악할 수 있다. 하지만 그 선수나 백핸드가 나쁘다고 판단할 필요가 있을까? 판단을 한다면 선수가 자신을 교정하려고 하는 것과 마찬가지로 나도 그를 교정하기 위해 긴장할 것이다. 판단으로 인해 긴장이 유발되고 이러한 긴장은 빠르고 정확한 움직임에 필수적인 자연스러움을 방해한다. 이완된 상태가 되어야 부드러운 스트로크가 나올 수 있고, 이는 비록 결점이 있다 하더라도 당신의 스트로크를 있는 그대로 받아들일 때만 가능하다.

다음의 단순한 비유를 통해 판단하지 않길 바란다. 우리가 땅에 장미 씨앗을 심을 때, 아직 작다는 생각은 할 수 있어도 '뿌리와 줄기가 없다'라며 비판을 하지는 않는다. 씨앗으로 간주하기 때문에 물을 주고 영양분을 공급하는 것이다. 이 씨앗이 자라 땅

표면을 뚫고 올라올 때, 미성숙하다고, 발육이 불완전하다고 비판하지는 않는다. 막 돋아난 싹이 처음부터 꽃을 피우지 않는다고 비판하지도 않는다. 씨앗이 성장하는 과정을 경이에 가득 찬 시선으로 바라보며 발달 단계에 필요한 것들을 공급한다. 장미는 씨앗일 때부터 꽃이 지는 순간까지 언제나 장미이다. 어느 순간에나, 만개할 수 있는 능력을 지닌 존재인 것이다. 항상 변화의 과정에 놓여 있지만 단계마다, 시기마다 그 모습 그대로 완벽한 것이다.

마찬가지로 우리가 범하는 오류도 발달 과정의 중요한 일부일 수 있다. 테니스 게임이 발전하는 과정에서 실수로부터 많은 것을 얻게 된다. 심지어 슬럼프조차도 그러한 과정의 일부이며, 이는 결코 '나쁜' 사건이 아니다. 하지만 우리가 '나쁘다'라고 규정하면 슬럼프는 오히려 더 오랫동안 지속된다. 훌륭한 정원사는 토양에 산성 비료가 필요한지 알칼리성 비료가 필요한지를 잘 안다. 이와 마찬가지로 훌륭한 테니스 선수는 자신의 플레이가 발전하도록 자신을 도울 수 있어야 한다. 이를 위해서는 본연의 발전 과정을 억제하는 부정적인 생각에 잘 대처하는 것이 먼저 필요하다. 코치와 선수 모두 현재의 스트로크를 있는 그대로 받아들임으로써 발전 과정을 좀 더 빠르게 할 수 있다.

첫 번째 단계는 스트로크를 있는 그대로 받아들이는 것이다. 스트로크를 분명하게 바라보아야 하는데, 이는 개인적인 판단을 배제해야만 가능하다. 스트로크를 직시하고, 있는 그대로 받아들이면 빠르고 자연스러운 변화가 시작될 것이다.

다음 이야기는 실화에 기반한 것으로, 스트로크의 자연적 발전을 저해하는 요소를 어떻게 막을 수 있는지를 잘 보여주는 사례이다.

자연적 학습의 발견

1971년 여름, 나는 캘리포니아주 카멜 밸리의 존 가디너 테니스 클럽에서 그룹 레슨을 하고 있었다. 당시 기업인이었던 한 회원은 자신의 라켓이 공의 위치보다 낮은 상태에서 백스윙이 이루어지면 백핸드 스트로크에 훨씬 더 많은 힘이 실리고 컨트롤도 잘 되는 것을 깨달았다. 그는 이 '새로운' 스트로크에 열광한 나머지 그의 친구 잭에게 달려가 기적이 일어났다고 했다. 평생에 걸쳐 백핸드 문제로 고민해왔던 잭은 점심시간을 이용해 나를 찾아와 말했다. "제 백핸드는 정말 끔찍합니다. 좀 도와주세요."

나는 물었다. "백핸드의 어디가 문제라고 생각하시죠?"

"백스윙이 너무 높아요."

"그걸 어떻게 아세요?"

"적어도 다섯 명의 코치가 그렇게 말했거든요. 알지만 고치질 못하겠어요."

잠시 동안 나는 이 상황이 얼마나 어처구니가 없는지 생각했다. 거대한 기업을 이끄는 기업인이 자신의 오른팔 하나 통제하지 못해 나에게 도움을 청하다니. 그냥 이렇게 말할까도 생각했다. "물론입니다. 도와드리죠. 라-켓-을-낮-추-세-요!"

하지만 잭의 고민은 지적 수준이나 테니스 실력과는 무관하게 모두에게 흔히 일어날 수 있는 문제였다. 게다가 이미 5명의 코치가 라켓을 낮추라고 지적했지만 별 효과를 거두지 못하지 않았는가. 왜 안 되는 걸까? 나는 고민에 빠졌다.

나는 잭에게 우리가 서 있던 테라스에서 스윙을 몇 번 해보라고 했다. 그의 백스윙은 매우 낮은 지점에서 시작했지만, 라켓이 앞으로 나가면서 어깨높이까지 올라갔다. 5명의 코치 말이 맞았다. 나는 별다른 언급을 하지 않고 몇 차례 더 스윙해보라고 했다. "좀 낫나요?" 그가 물었다. "라켓을 낮추려고 했는데 말이죠." 하지만 스윙이 이뤄지기 직전에 라켓은 다시 올라가길 반복했다. 실제로 공을 치는 상황이라면 위에서 아래로 스윙이 이뤄지면서 언더스핀이 걸려 공은 높이 날아가 버릴 것이다.

"백핸드는 나쁘지 않네요" 나는 그를 격려하며 말했다. "다만 약간의 과도기 상태에 있습니다. 한번 자세히 보시죠." 우리는 커다란 창유리 앞으로 갔고, 그는 자신의 모습을 보면서 다시 스윙해 보았다. 이번에도 역시 마찬가지였다. 하지만 그는 깜짝 놀랐다. "아, 라켓을 정말 높이 들긴 하는군요. 제 어깨까지 올라가네요!" 그의 목소리에 판단의 기미는 없었다. 다만 두 눈으로 목격한 사실에 대한 놀라움으로 가득했다.

　나는 잭이 놀랐다는 사실이 놀라웠다. 그의 입으로 5명의 코치가 라켓이 높다고 하지 않았나? 내가 그들과 같이 말로 했다면 잭은 아마도 "네, 저도 압니다"라고 답했을 것이다. 하지만 이미 알고 있는 사실을 본다고 해서 그렇게까지 놀라는 사람은 없을 것이다. 이제 그가 진정으로 알지는 못했다는 점이 분명해졌다. 수많은 레슨에도 불구하고 자신의 라켓이 높이 올라가는 모습을 몸소 체험하지는 못했다. 그의 마음은 판단을 내리고, 이 '나쁜' 스트로크를 바꾸는 데 집중하고 있었기에 스트로크 자체를 제대로 인지하지 못했던 것이다.

　잭은 자신의 스트로크 동작을 그대로 비춰주는 창유리를 보면서 스윙을 반복했고, 자연스럽게 라켓을 낮출 수 있었다. "이제껏 쳐왔던 백핸드와는 완전히 다른 느낌이군요." 그가 말했다. 그는 반복해서 백핸드를 쳤다. 공이 제대로 맞았지만 그다지 기뻐하지는 않았다. 그는 다른 느낌에 완전히 몰입한 것이다.

　점심을 먹고 나서 잭에서 공을 몇 번 던져주었다. 그는 조금 전의 느낌을 그대로 간직한 채 스윙을 반복할 수 있었다. 라켓의 움직임을 느꼈고, 이 느낌은 거울에 비쳤던 시각적 이미지를 대체했다. 새로운 경험이었다. 얼마 지나지 않아 잭은 톱스핀 백핸드를 구사하기 시작했다. 마치 원래 해왔던 스윙인 양 자연스럽게 계속해서 코트에 꽂아 넣었다. 10분 만에 성공한 것이다. 그는 잠시 스윙을 멈추고 감사의 뜻을 표했다. "얼마나 고마운지 모르실 겁니다. 10분 동안 배운 게 지금까지 받은 20시간의 백핸드 레슨에서 배운 것보다 많네요." 이러한 '찬사'에 나는 마음속 깊은 곳에서 무언가가 차오르는 것을 느꼈다. 동시에 어떻게 대답해야 할지 몰랐기 때문에 연신 헛기침을 해대고, 머뭇거리면서 겸손한 대답을 떠올리려고 했다. 순간, 모든 생각이 멈추면서 한 가지 사실이 떠올랐다. 나는 잭에게 백핸드에 관한 단 한마디의 조언도 해준 적이 없었던 것이다! "제가 대체 뭘 가르친 거죠?" 내가 그에게 물었다. 그는 내가 한 말을 기억해내기 위해 30초 정도 생각에 잠겼다. 마침내 그가 입을 열었다. "아무 말도 하지 않은 것 같군요. 그저 지켜보기만 하셨어요. 그리고 제가 스스로 제 모습을 자세히 관찰하도록 하셨죠. 백핸드의 문제점에 집착하지 않고 그저 유심히 바라보자 저절로 좋아진 것 같아요. 저도 이유는 잘 모르겠습니다. 하지만 짧은 시간에 많은 걸 배웠다는 점은 분명합니다." 그는 배웠다. 하지만 누가 가르쳤는가? 나는 의문에 사로잡혔다.

얼마나 기분 좋은 순간이었는지는 말로 표현할 길이 없다. 심지어 눈물이 흐르기도 했다. 나는 배웠고 그도 배웠지만, 누구도 가르친 사람은 없었다. 우리 두 사람 모두 '자연적 학습'이라는 이 놀라운 과정에 동참했다는 사실만이 어렴풋이 떠올랐다.

잭이 자신의 백핸드를 교정하려던 노력을 멈추고 있는 그대로 바라보기 시작한 순간, 그의 백핸드를 옭아매던 사슬이 마침내 풀렸다. 처음에는 거울을 통해 자신의 백스윙을 직접 체험할 수 있었다. 어떠한 생각이나 분석 과정 없이 자신의 스윙을 조금씩 더 인식한 것이다. 어떠한 생각이나 판단으로부터 자유로운 마음은 고요하며 마치 거울과 같은 역할을 한다. 그러한 상태가 되면, 그리고 그러한 상태에서만 우리는 현상을 직시할 수 있는 능력이 생긴다.

현상태를 인식하기

테니스를 칠 때 반드시 알아야 할 것이 두 가지 있다. 첫 번째는 공의 위치, 두 번째는 라켓 헤드의 위치이다. 누구나 테니스를 배우기 시작할 때부터 공을 보는 것이 중요하다는 말을 들었을 것이다. 이건 그다지 복잡한 일은 아니다. 공을 주의 깊게 보면서 위치를 파악하면 된다. '음, 공이 오는군. 네트 30cm 위로 상당히 빠르게 오네. 베이스라인 근처에 떨어질 게 틀림없으니 라이징 볼로 처리해야겠다.' 이렇게 생각할 필요는 없다. 그냥 공을 보면서 몸이 적절하게 반응하도록 놔두면 된다.

마찬가지로 라켓 헤드를 어디에 두어야 한다는 생각은 할 필요가 없다. 라켓 헤드가 어디 있는지 항상 인지하는 것이 중요하다는 사실만 알면 된다. 공에 시선을 두고 있는 상태에서 라켓 헤드를 쳐다볼 수는 없다. 느껴야 하는 것이다. 느낌을 통해 위치를 파악할 수 있다. 어디에 있어야 하는지 아는 것은 어디에 있는지 느끼는 것과 다르다. 라켓 헤드가 제 위치에 있지 않다는 걸 아는 것이 위치를 느끼는 것은 아니다. 어디 있는지 느끼는 것이야말로 라켓 헤드의 위치를 아는 것이다.

　나는 레슨을 할 때 수강생들이 어떤 부분이 부족하다고 생각하는 것과 무관하게 본인의 움직임을 보고 느끼도록 격려하는 것이 가장 유용한 첫 단계라는 사실을 알게 되었다. 즉, 현재 일어나고 있는 일을 보다 잘 인지하도록 하는 것이다. 이는 나 자신에게도 적용될 수 있으며, 평소처럼 스트로크가 나오지 않을 때 사용해볼 수 있다. 하지만 현실을 그대로 직시하기 위해서는 검은색(부정적)이건 분홍색(긍정적)이건 간에 판단의 색안경을 벗어야 한다. 그래야만 놀랍고도 아름다운 '자연적 발전'이 날개를 펼 수 있게 된다.

　예를 들어 어떤 선수가 포핸드 스트로크의 타이밍이 맞지 않는다며 불만을 토로한다고 가정해보자. 나는 문제가 무엇인지 분석하고 나서 다음과 같이 지시하지는 않을 것이다. "라켓을 좀 더 빨리 뒤로 빼세요", "공을 몸 앞에서 맞히려고 해보세요." 대신 공이 자신의 코트 바닥에 닿는 순간 라켓 헤드의 위치에 좀 더 신경을 써보라고 할 것이다. 이는 흔한 주문이 아니기 때문에 라켓이 그 순간에 어디에 있어야 하는지 전혀 감이 없는 선수도 있을지 모른다. 그의 '판단하는 마음'이 개입하는 경우 초조해질 수도 있다. 자아 1은 '옳은' 행동을 하려고 하며 뭐가 옳은지 그른지 알 수 없는 상황에서는 초조해지기 때문이다. 공이 바운드

될 때 라켓이 어디에 있어야 하는지를 물어보기도 한다. 하지만 나는 이에 대해 답하지 않은 채 그 순간 라켓이 어디에 있는지 관찰하라고만 한다.

공을 몇 개 치고 난 다음, 나는 공이 바운드되는 순간 라켓이 어디 있었는지 물었다. 통상적인 대답은 다음과 같다. "라켓을 너무 늦게 뒤로 뺐어요. 잘못된 건 알지만 고치기가 어렵네요." 이는 다른 종목의 선수들에게서도 흔히 들을 수 있는 답변이며, 선수가 좌절하는 원인이기도 하다.

"맞고 틀리는 건 지금 생각하지 마세요. 그냥 바운드될 때 라켓을 관찰하기만 하세요." 나는 이렇게 말한다. 이 선수는 공을 대여섯 개 치고 난 다음 아마도 다음과 같이 대답할 것이다. "좀 나아진 것 같네요. 백스윙이 빨라지고 있어요."

"네, 그런데 라켓은 어디 있었죠?" 내가 묻는다.

"그건 잘 모르겠어요. 하지만 제때 라켓을 뒤로 뺀 것 같았는데… 아닌가요?"

옳고 그름에 대한 기준이 없는 상태를 불편해한 나머지 '판단하는 마음'은 제 나름의 기준을 세운다. 하지만 제대로 치려고 하다 보면 현재 상태에 온전히 집중할 수가 없게 된다. 라켓을 보다 빨리 뒤로 빼고 좀 더 정확하게 공을 맞힌다 하더라도 라켓이 어디에 있는지는 여전히 모르는 것이다(이런 상태에서는 문제에 대한 '해결책'[즉, 라켓을 좀 더 빨리 빼는 것]을 발견한 걸로 생각하게 된다. 흡족한 마음으로 다시 시합에 나가면서 포핸드를 칠 때마다 자신에게 되뇔 것이다. '라켓을 빨리 빼자. 라켓을 빨리 빼자. 라켓을 빨리 빼자…' 이 마법의 주문은 당분간 '좋은' 성적으로 이어질 수도 있다. 하지만 어느 정도 시간이 지나면 다시 범실이 잦아지면서 대체 뭐가 '잘못' 된 건지 의아해하며 코치에게 조언을 구하러 올 것이다).

긍정적으로 판단하며 멈추는 대신, 나는 선수로 하여금 라켓을 관찰하면서 바운드되는 순간 정확히 어디 있는지를 알려달라고 한다. 한 발짝 떨어져서 유심히 라켓을 관찰하다 보면 결국 라켓의 움직임을 점점 잘 느낄 수 있게 된다. 그러면 굳이 교정하려고 노력하지 않아도 스윙을 할 때 자연스러운 리듬이 생기는 것을 발견할 수 있다. '정석'적인 기준과는 약간 다를 수 있지만, 자신에게 가장 적합한 리듬을 찾게 될 것이다. 이러한 상태로 경기에 임하면 마법의 주문은 더 이상 필요하지 않다. 특별한 생각을 하지 않고도 집중할 수 있는 것이다.

지금까지 내가 설명하고자 한 점은 누구에게나 자연적 학습 과정이 내재되어 있으며, 이는 여건만 허락된다면 작동한다는 것이다. 이는 아직 그 존재를 알지 못하는 사람들에게 발견되기만을 기다리고 있다. 내 말을 그대로 받아들일 필요는 없다. 여러분이 직접 발견하면 된다. 경험하면 신뢰하라(이에 관해서는 4장에서 다룬다). 이러한 자연적 학습 과정을 발견하기 위해서는 실수를 교정하는 오랜 습관을 버려야 한다. 즉, 판단하지 않으면서 어떤 일이 일어나는지 지켜보아야 한다. 비판 없는 관심하에 놓인 스트로크가 과연 좋아질 수 있을까? 한번 시험해보자.

긍정적인 사고는 괜찮은가?

판단에 대한 논의를 마무리하기 전에 '긍정적인 사고'에 대해 언급할 부분이 있다. 오늘날 부정적인 사고의 '나쁜' 측면은 자주 거론된다. 부정적인 사고를 긍정적인 사고로 전환하도록 조언하는 책과 기사는 넘쳐난다. 자신을 못생기고 불행하다고 생각하지 말고, 매력적이고 행복하다고 되뇌라고 한다. 그러나 '부정적 측면'을 '긍정적 측면'으로 대체하는 것은 단기적 측면에서만 약간의 도움이 될 뿐 그 효과는 그리 오래가지 못한다.

코치로서 습득한 첫 번째 교훈은 수강생들의 결점이나 그들의 스트로크 결점을 찾으려 해서는 안 된다는 점이다. 그래서 더 이상 이들을 비판적인 시각으로 바라보지 않았다. 대신 가능한 한 칭찬을 많이 했고, 스트로크를 교정하기 위해 긍정적인 제안만을 내놓았다. 이후 어느 정도 시간이 지난 후 나는 더 이상 수강생들을 칭찬하지 않게 되었다. 여성 회원들을 대상으로 풋워크 레슨을 시행한 날 이후로 마음이 바뀐 것이다.

자기비판에 관해 몇 마디하고 나니 클레어라는 여성이 질문을 던졌다. "부정적 사고가 나쁘다는 건 이해가 돼요. 하지만 잘했을 때 칭찬하는 게 뭐가 잘못된 거죠? 긍정적인 사고가 문제가 있나요?" 나는 모호하게 대답했다. "글쎄요, 부정적 사고만큼 나쁘지는 않겠죠." 하지만 이어진 레슨을 통해 이 부분이 좀 더 명확해졌다.

나는 레슨을 시작하면서 여성 회원들에게 말했다. 각자에게 6개씩 러닝 포핸드running forehand를 치도록 공을 줄 텐데, 풋워크에만 신경을 쓰라고 했다. "자세를 잡을 때 발이 어떻게 움직이는지 한번 파악해보세요. 그리고 공을 치면서 체중 이동에도 신경 써 보시고요." 나는 뭐가 맞고 틀리는지는 생각하지 말고 오로지 풋워크에 집중하라고 했다. 공을 쳐주면서 어떠한 코멘트도 하지 않았다. 눈앞에 벌어지는 광경을 열심히 지켜봤고, 긍정적이거나 부정적인 판단은 일절 내리지 않았다. 수강생들 역시 말없이 서로의 모습을 바라보기만 했다. 발의 움직임을 경험하는 단순한 과정에 완전히 몰입한 것처럼 보였다.

서른 개의 공을 쳤지만, 네트에 걸린 공은 하나도 없었다. 공은 내가 서 있는 쪽 코트의 대각선 방향에 모두 모였다. "자, 공이 모두 코너에 모여 있고, 네트 앞에는 하나도 없네요." 내가 말했다. 단순한 사실만을 언급한 발언이었지만 만족감을 드러내는 어조였다. 나는 그들을 칭찬하고 있었고, 그들을 지도한 나 자신도 간접적으로 칭찬하고 있었다.

놀랍게도 다음 차례의 여성이 말했다. "아니, 제가 칠 차례에 그런 말씀을 하시면 어떻게요!" 반쯤 농담 섞인 발언이었지만 그녀는 약간 긴장하고 있었다. 나는 이전과 마찬가지로 치라고 하면서 공을 더 쳐주었고, 아무런 코멘트도 하지 않았다. 이번에는 이마를 찌푸리는 여성이 한둘이 아니었다. 풋워크 역시 전보다 약간 어색하게 보였다. 서른 개의 공을 모두 치고 나자 네트에는

8개의 공이 있었고, 내 뒤쪽의 공도 여러 군데 산재해 있었다.

나는 내심 마법을 망쳐버린 사실에 자책했다. 그러자 처음에 긍정적 사고에 관해 질문했던 클레어가 소리쳤다. "아이고, 저 때문에 망했네요. 제가 처음 네트에 치기 시작했고, 네 개나 걸렸네요." 나는 다른 사람들과 마찬가지로 놀라지 않을 수 없었다. 그 말은 사실이 아니었기 때문이다. 네트에 처음으로 공을 친 것도 다른 사람이었고, 클레어가 친 공은 두 번밖에 네트에 걸리지 않았다. 그녀의 '판단하는 마음'이 실제로 일어난 일조차도 있는 그대로 받아들이지 못하도록 왜곡한 것이다.

나는 수강생들에게 두 번째 공을 쳤을 때 머릿속에 처음과는 다른 생각이 들지 않았는지 물었다. 그들은 한결같이 풋워크에 대해서는 신경을 덜 쓰면서 공이 네트에 걸리지 않도록 하려고 노력했다고 했다. 기대에 부응하기 위해, 그들에게 주어진 것으로 여겨진 옳고 그름에 대한 기준에 부합하기 위해 노력했던 것이다. 앞서 공을 쳤을 때는 없었던 일이었다. 나의 칭찬이 그들의 '판단하는 마음'을 소환했다. 자아 1, 즉 자아-정신이 개입한 것이다.

이 경험을 통해 나는 자아 1이 어떻게 작동하는지 볼 수 있게 되었다. 언제나 인정받기를 바라고, 거부당하는 것을 못 견디는 이 예민한 자아-정신은 칭찬을 잠재적 비판으로 간주한다. '코치가 어떤 동작에 만족한다면 다른 동작에는 불만족할 거야. 잘 치는 모습을 좋아한다면 잘 못 치는 모습은 싫어할 거야'라고 생각하는 것이다. 옳고 그름에 대한 기준이 정해지면 집중력 분산과 자아 정체성의 분열은 필연적인 결과이다.

세 번째 훈련 중에 클레어는 본인이 긴장한 이유를 깨달았다. 그녀는 마치 1000와트짜리 전구가 켜진 것처럼 손으로 이마를 치며 외쳤다. "아, 이제 알겠어요. 칭찬은 결국 가면을 쓴 비판과 다름없어요. 둘 다 내 행동을 조정한 거죠." 클레어는 말을 마치자마자 남편을 찾으러 뛰쳐나갔다. 테니스 코트에서의 깨달음과 가정생활과의 연관성을 찾은 것이 분명했다. 한 시간 후에 마주친 그녀는 여전히 남편과 함께 열띤 대화에 몰입하고 있었다.

긍정적인 평가와 부정적인 평가는 분명 상대적이다. 모두를 긍정적으로 평가할 수는 없다. 하나의 사건을 긍정적으로 판단한다면 긍정적이 아니거나 부정적으로 평가할 수밖에 없는 사건도 존재하게 된다. 판단의 과정에서 부정적인 요소만을 제거하는 것은 불가능하다. 스트로크를 있는 그대로 보기 위해서는 '좋다', '나쁘다'의 의미를 부여할 필요가 없다. 스트로크의 결과 역시 마찬가지다. 공이 아웃되더라도 이를 '나쁜' 사건으로 규정할 필요는 없다. 단지 공이 얼마나 라인에서 벗어났는지만 확인하면 된다. 판단하지 않는다고 해서 사건의 본질을 보지 못하는 것은 아니다. 판단을 배제하는 것은 눈앞에 보이는 사실에 어떠한 것도 더하거나 빼지 않는다는 의미다. 왜곡되지 않은 그대로의 모습을 보면 된다. 그래야 마음이 더욱 평온한 상태에 놓일 수 있다.

자아 1은 이렇게 항변할지도 모른다. "하지만 공이 아웃되었는데 나쁘다고 평가하지 않는다면 바꿀 수 있는 의지가 사라지지 않을까요? 잘못하고 있는 것을 싫어하지 않으면 어떻게 바꿀 수 있죠?" 자아-정신인 자아 1은 모든 것을 '개선'하려는 책임감을 원한다. 중요한 역할을 담당하고 있다고 인정받기를 원하는 것이다. 그리고 뜻대로 되지 않으면 걱정하고 고통받기도 한다.

다음 장에서는 다른 대체 과정에 대해 논의할 것이다. 이는 긍정적인 것을 추구하고 부정적인 것을 바꾸려는 자아-정신 없이 자발적이면서 합리적으로 행동하는 과정이다. 이번 장을 마무리하기에 앞서 존경하는 친구 빌이 들려준 정말 간단하면서도 심오한 이야기를 읽어보길 바란다.

어느 아침, 세 명의 남자가 차를 타고 시내를 지나고 있었다. 이해를 돕기 위해 이들이 각각 다른 유형의 테니스 선수를 나타낸다고 가정해보자. 우측에 앉은 남자는 '긍정적 사고자'로, 자신이 테니스를 매우 잘 친다고 생각하고 있으며 본인 실력에 대한 자부심이 강하다. 그는 또한 삶의 모든 '쾌락'을 추구하는 자칭 플레이보이이기도 하다. 가운데 앉은 남자는 '부정적 사고자'로, 자신의 문제점과 세상의 부조리를 끊임없이 분석한다. 그는 항상 자기계발을 위해 무언가를 하고 있다. 운전대를 잡고 있는 세 번째 남자는 '판단하는 사고'를 완전히 버리려는 중이다. 그는 이너 게임을 하고 있으며 매사를 있는 그대로 즐기며 합리적으로 행동하려 한다.

빨간불이 되자 차가 멈췄다. 어떤 아름다운 여자가 차량 앞을 지나고 있었다. 세 남자의 시선이 집중됐다. 완전히 발가벗은 상태였기에 그녀의 아름다움은 더욱 빛을 발했다!

우측의 남자는 이 여자와 다른 곳에서 만났더라면 얼마나 좋았을지 상상했다. 그의 마음은 육체적 쾌락을 추구했던 지난날의 기억과 미래에 대한 환상 속을 넘나들고 있었다.

가운데 남자는 현대 사회의 타락한 단면을 목도하는 중이었다. 이 여자를 이렇게 가까이서 봐도 괜찮은지 확신이 서지 않는다. 그는 생각한다. 미니스커트에서 시작해 반라의 댄서, 그러고는 전라의 댄서까지 등장했는데, 이제 이들이 벌건 대낮에 거리를 활보하다니! 수수방관하지 말고 무슨 조치를 취해야만 해!

운전석의 남자도 같은 여자를 쳐다보고 있다. 하지만 그는 자신의 눈앞에 펼쳐지는 장면을 있는 그대로 지켜볼 뿐이다. 옳고 그름을 판단하지 않기 때문에 동료들은 간과할 수밖에 없었던 세부 사항이 그의 눈에 들어온다. 여자는 눈을 감고 있었다. 그는 이 여자가 몽유병 환자라는 사실을 알아차렸다. 그는 즉시 상식적으로 대응했다. 옆자리 남자에게 운전대를 맡기고는 차 밖으로 걸어 나와 여자의 어깨에 자신의 외투를 걸쳐주었다. 그녀를 부드럽게 깨우면서 몽유병 증세를 보이는 것 같다고 말한 다음, 그녀의 집까지 데려다주겠다고 했다.

"그리고 그 남자는 자신의 행동에 대한 보상을 받았지." 결말은 듣는 이의 상상에 맡긴 채 빌은 눈을 반짝이며 이야기를 마무리 짓곤 했다.

이너 게임에서 가장 먼저 필요한 기술은 '비판 없는 인지'라 할 수 있다. 우리가 판단을 배제하면 '나쁜' 습관을 바꾸기 위해 무슨 대단한 동기 부여가 필요하지는 않다는 다소 놀라운 사실을 알 수 있게 된다. 우리에게 내재된 자연적 학습 과정과 실행 과정은 발견되기를 기다리고 있다. 판단하는 자아의 의식적인 분투에서 나오는 간섭이 없는 상태에서, 잠재된 능력을 선보이기 위해 기다리고 있는 것이다. 자연적 학습 과정과 실행 과정을 발견하고 이에 대한 신뢰를 통해 발전하는 것에 대한 내용이 바로 다음 장의 주제이다.

하지만 편견을 갖지 않도록 주의해야 할 점이 있다. 모든 의견이 곧 판단을 의미하는 것은 아니라는 사실을 잊지 말아야 한다. 자신 또는 타인의 장점, 노력, 성취 등을 있는 그대로 인지하는 것은 판단과는 반대로 자연적 학습에 오히려 도움이 된다. 이 두 가지는 어떻게 다를까? 개인의 능력을 인지하고 존중하는 것은 자아 2를 신뢰하는 일이다. 반면, 자아 1의 판단은 이러한 신뢰를 조작하고 약화한다.

제 4 장

자아 2를
신뢰하기

자아-정신과 신체, 즉 자아 1과 자아 2 간의 조화를 위해서는 자기-판단을 하지 않는 것이 가장 먼저 필요하다는 것이 바로 앞장의 주제였다. 자아 1이 자아 2와 자아 2의 행동에 대한 판단을 멈춰야만 자아 2가 누구이고 어떤 일을 하는지, 그리고 그 일이 지니는 가치가 무엇인지를 알 수 있게 된다. 이것이 가능해야 신뢰가 형성될 수 있고, 최고의 기량을 선보이기 위해 필수적이지만 쉽지 않은 덕목, 즉 자신감이 생기게 된다.

자아 2는 누구이며, 어떤 일을 하는가?

우리는 몸에 대해 다양한 의견을 가질 수 있다. 둔하거나, 조화롭지 못하거나, 평범하거나, 아니면 정말 환상적이라고 생각할지도 모른다. 이러한 모든 의견은 잠시 접어두고, 우리 몸이 어떤 일을 하는지에 대해 생각해보자. 이 글을 읽는 동안에도 당신의 신체는 놀랍도록 조화로운 작업을 수행하고 있다. 눈은 자연스럽게 움직이면서 흑백의 이미지를 받아들이고, 이를 자동으로 이전의 기억과 비교한 다음, 이 이미지가 상징하는 바를 해석하고, 이들을 결합하여 의미를 부여한다. 이러한 일련의 과정이 수 초에 한 번씩 반복되는 것이다. 또한 의식적인 노력을 하지 않아도 당신의 심장은 펌프질하고, 당신의 폐는 공기를 들이마시고 내쉬면서 놀라울 정도로 복잡한 신체 여러 기관과 근육에 영양을 공급하여 이들이 작동할 수 있도록 한다. 의식적인 노력이 없어도 수십억 개의 세포가 기능하고 증식하고 질병을 막아내는 것이다.

당신이 책을 읽기 위해 의자로 걸어가 불을 켠다고 해보자. 이러한 작업을 수행하기 위해서는 수많은 근육의 움직임이 완벽하게 조절되어야 한다. 자아 1은 형광등 스위치에 손가락을 가져가면서 얼마나 떨어져 있는지 거리를 측정하지 않는다. 목표는 정해져 있고, 사고의 개입 없이 당신의 신체가 필요한 일을 알아서 할 뿐이다. 이러한 동작을 배우고 수행하는 과정은 테니스를 배우고 게임을 하는 과정과 다르지 않다.

서브를 받는 과정에서 자아 2가 수행하는 일련의 복잡한 동작을 돌이켜보자. 발을 어떻게, 어디로 움직여야 할지, 백스윙을 포핸드 쪽으로 해야 할지 아니면 백핸드 쪽으로 해야 할지를 결정하기 위해 당신의 뇌는 서브를 넣는 선수의 라켓에서 공이 떠나고 1초도 안 되는 시간 내에 공이 어디에 떨어질지, 그리고 어느 지점에서 라켓에 맞혀야 하는지 계산을 끝내야 한다. 이러한 계산에는 공의 초기 속도와 감속의 정도, 바람의 영향, 공의 회전량, 그리고 공의 복잡한 궤적도 고려되어야 한다. 그리고 이들 각 요소를 공이 바닥에 바운드되고 난 다음에 다시 계산해야 라켓에 닿는 지점을 예측할 수 있게 된다. 이와 동시에 뇌는 근육의 움직임을 조절하기 위해 신호를 보낸다. 이는 물론 한 번으로 끝나는 것이 아니라 새롭게 얻어지는 정보에 따라 계속 바뀐다.

마지막으로 각 근육은 서로 조화를 이루며 반응해야 한다. 발을 움직이고, 적당한 속도와 높이로 백스윙을 한 다음, 라켓과 몸이 균형을 이루면서 앞으로 나아가는 동안 라켓 면은 일정한 각도를 유지해야 한다. 그리고 네트 건너편 상대방의 움직임을 분석하고, 상대의 체중이 어디에 쏠려 있는지 파악한 다음, 다운더라인으로 공을 보낼지 아니면 크로스코트로 공략할지를 결정하게 되고, 이에 따라 라켓과 공이 만나는 정확한 위치가 정해진다.

만약 샘프러스가 서브를 넣는다면 0.5초 이내에 이 모든 과정을 완수해야 한다. 일반적인 선수의 서브를 리턴하는 경우라 하더라도 1초 정도의 시간밖에 주어지지 않는다. 공을 맞히는 것만 해도 분명 박수를 받을 만한 일일 텐데, 정확성과 일관성을 겸비한 리턴을 구사하는 것은 정말 믿을 수 없을 만큼 대단한 일이 분명하다. 하지만 이러한 리턴은 결코 드물지 않다. 인간의 육체는 진정 불가사의한 도구가 아닐 수 없다.

위와 같은 사실을 고려할 때 우리 몸에 대해 경멸적인 발언을 하는 것은 결코 적절하지 못하다. 자아 2는 뇌를 비롯한 신경계를 포괄하며, 여기에는 의식적 기억과 무의식적 기억이 모두 저장된다. 자아 2는 놀라울 정도로 정교하며 무한한 잠재력과 더불어 가히 경이적이라 할 수 있는 내적 지능을 지니고 있다. 이 내적 지능은 어린아이가 무언가를 배울 때와 같이 편안하게 모든 것을 습득한다. 하나의 동작은 수많은 세포와 시냅스의 연결을 통해 이루어진다. 현재의 컴퓨터 기술로는 프로 테니스 선수는커녕 초보 선수의 동작조차 따라 하기가 어렵다.

　지금까지 말하고자 하는 바는 오직 한 가지, 즉 자아 2를 존중하자는 것이다. 우리는 뻔뻔하게도 이토록 놀라운 도구를 두고 '통제되지 않는다'며 불평한다.

　모든 자아 2의 행동에 내재된 고유의 지능에 대해 곰곰이 생각해본다면 우리의 오만함과 불신은 점차 사라질 것이다. 그렇게 되면 불필요한 자기 지시와 비판, 그리고 집중하지 못한 상태에서 흔히 발현되는 과도하게 통제하려는 성향 또한 설 자리를 잃게 될 것이다.

자신을 신뢰하기

　자아 1의 무지나 오만으로 인해 자아 2의 능력을 인정하지 않는다면, 진정한 자신감을 가지기는 어렵다. 자아 2에 대한 자아 1의 불신은 '지나치게 노력'하도록 간섭하거나 과도하게 지시하는 원인이 된다. 지나친 노력은 불필요하게 많은 근육을 사용하도록 하며, 과도한 지시로 인해 정신이 산란해지면서 집중하기가 어려워진다. 우리는 '자기 자신을 신뢰하라'라는 격언을 바탕으로 내적 자아 간의 새로운 관계를 정립할 필요가 있다.

　테니스 코트에서 '자기 자신을 신뢰하라'라는 말은 어떤 의미가 있을까? 이는 서브를 넣을 때마다 에이스를 기대하는 것과 같은 근거 없는 낙관주의를 뜻하는 것은 아니다. 테니스에서 자신의 몸을 신뢰하라는 말은 공을 칠 때 몸의 흐름에 맡기라는 뜻이다. 알아서 하도록 놔두는 것이 가장 중요하다. 당신의 신체와 뇌의 능력을 믿고 이들이 알아서 라켓을 휘두르도록 놔둔다. 자아 1이 끼어들어서는 안 된다. 이는 간단하게 들리겠지만 결코 쉬운 일은 아니다.

자아 1과 자아 2의 관계는 부모-자식 간의 관계와 일견 유사한 면이 있다. 어떤 부모는 본인들이 어떻게 해야 하는지 더 잘 알고 있다고 생각하기에 아이들이 스스로 하도록 맡기지 못한다. 하지만 아이를 신뢰하면서 사랑하는 부모는 비록 실수를 저지를지언정, 그로부터 얻는 것이 있다고 믿기 때문에 아이가 스스로 하도록 놔둔다.

'하도록 놔두는 것'은 '하도록 만드는 것'이 아니다. 지나치게 노력하는 것도 아니고, 당신의 샷을 통제하려는 것도 아니다. 이런 일들은 모두 자아 1에 의한 것이며, 자아 2를 신뢰하지 않기 때문에 직접 처리하려는 행동이다. 그렇게 되면 근육이 긴장하고, 스윙은 딱딱해지며, 움직임이 어색해지고, 어금니를 꽉 깨물며, 볼 근육에 힘이 잔뜩 들어가게 된다. 그리고 결국 공을 제대로 맞히지 못하면서 좌절하게 되는 경우가 빈번하다. 우리가 랠리를 주고받을 때는 우리 몸을 믿으면서 알아서 하도록 놔두기도 한다. 우리의 자아-정신이 랠리를 그다지 중요하게 생각하지 않기 때문에 가능한 일이다. 하지만 시합이 시작되면 자아 1의

감시도 시작된다. 특히 중요한 포인트에서는 자아 2가 제대로 할 수 있을지 의심하기 시작한다. 포인트가 중요할수록 자아 1의 통제도 심해지면서 몸에 힘이 들어가기 시작한다. 그리고 그 결과는 거의 항상 처참하다.

이러한 현상은 모든 종목의 모든 선수가 경험하는 것이기 때문에 좀 더 자세히 살펴볼 필요가 있다. 해부학적으로 볼 때 근육은 양방향의 기전으로 움직인다. 즉, 모든 근육은 이완 또는 수축 상태에 있는 것이다. 전등의 스위치를 부분적으로 끌 수 없듯이 근육도 부분적으로 수축할 수는 없다. 우리가 라켓을 살살 잡을 때와 꽉 잡을 때의 차이점은 수축하는 근육의 수에 있다(근육은 여러 개의 근섬유로 구성되며, 엄밀히 말해서 수축하는 근섬유의 수에 따라 근육의 수축 정도가 결정된다 – 옮긴이). 빠른 서브를 넣기 위해서는 얼마나 많은 근육이 수축해야 하는가? 그 근육은 어떤 것들인가? 사실 정확히 알기는 어렵지만, 우리의 의식이 이를 알고 있다고 여기면서 이들 근육을 통제하려고 한다면 아마도 불필요한 근육까지 사용하게 될 가능성이 높다. 필요 이상의 근육을 사용하면 에너지를 낭비할 뿐만 아니라 특정 근육의 수축으로 인해 꼭 필요한 근육의 이완을 방해하는 결과가 초래되기도 한다. 자아 1은 강력한 서브를 넣기 위해 많은 근육을 사용해야 한다고 믿기 때문에 어깨, 아래팔, 손목 그리고 심지어 얼굴의 근육까지 총동원하게 되고 실질적으로 서브가 오히려 약해지는 결과를 초래하게 된다.

지금 라켓이 있다면 손잡이를 쥐고 다음 실험을 한번 해보자(라켓이 없다면 움직일 수 있는 아무 물건이나 잡도록 하자. 그것도 없다면 손으로 허공을 쥐어도 된다). 손목에 힘을 준 상태에서 라켓을 휘두르면서 최대한 빨리 손목 스냅을 주도록 해보자. 그런 다음 손목에 힘을 완전히 빼고 나서 다시 이 과정을 반복해보자. 분명 손목에 힘이 빠졌을 때 좀 더 유연한 스냅 동작이 가능할 것이다. 서브를 넣을 때 서브 파워의 일부는 바로 손목의 유연한 스냅으로 만들어진다. 의도적으로 강한 서브를 넣으려고 한다면 손목에 힘이 들어갈 가능성이 크고, 이는 손목 스냅 속도를 저하해 오히려 파워가 감소하는 결과를 초래한다. 게다가 스트로크가 전반적으로 뻣뻣해지고, 균형을 유지하기도 어려워질 것이다. 이것이 바로 자아 1이 우리 몸의 지혜에 대적한 결과다(예상할 수 있겠지만 손목을 고정한 상태로 넣는 서브는 기대에 못 치게 된다. 그렇게 되면 다음 서브는 더 세게 넣으려고 할 것이고, 더 많은 근육이 긴장하게 되면서 절망적인 결과를 초래할 것이다. 그리고 테니스 엘보우의 위험도 증가한다).

　　다행스럽게도 대다수의 아이들은 부모가 간섭하기 전에 걸음마를 배운다. 하지만 아이는 단지 잘 걷는 방법만 배우는 것은 아니다. 그들은 자신에 내재되어 작동하고 있는 자연적 학습 과정에 대한 자신감도 얻게 되는 것이다. 엄마는 애정과 관심의 눈길로 아이가 노력하는 모습을 지켜본다. 그리고 현명한 엄마라면 아마도 개입하는 일은 거의 없을 것이다. 걸음걸이를 배우는 아이를 대할 때처럼 테니스 게임을 대할 수 있다면 아마도 더 발전할 가능성이 크다. 아이가 균형을 잃고 넘어지더라도 어설프다며 비난하는 엄마는 없다. 유감스럽게 생각하지도 않는다. 다만 그런 모습을 지켜보면서 격려의 말을 던지거나 제스처를 취할 수는 있을 것이다. 결과적으로 아이의 동작이 조화롭지 못하다는 생각으로 인해 걸음을 배우는 과정을 방해받는 일은 없다.

테니스 초보자가 사랑하는 아이를 대하는 엄마의 마음으로 백핸드를 대한다면 어떻게 될까? 그렇게 하기 위해서는 자신을 백핸드와 동일시하지 않아야 한다. 형편없는 백핸드가 당신의 모습을 반영하는 걸로 여긴다면 기분이 좋지 않을 것이다. 하지만 부모와 아이가 서로 다르듯이 당신과 당신의 백핸드도 서로 다르다. 만약 아이가 넘어지는 것을 본인이 넘어지는 것으로 받아들이고, 아이가 성공할 때마다 스스로 뿌듯해하는 엄마가 있다면, 그녀의 자아상self-image은 아이의 균형 감각만큼이나 불안정할 것이다. 자신은 아이와 다른 존재라는 사실을 인식하고, 애정과 관심이 담긴 시선으로, 하지만 분명히 별개의 객체로서 바라볼 수 있을 때 비로소 마음의 안정을 찾게 된다.

이러한 '분리된 관심'은 테니스 실력 향상을 위해서도 필수적이다. 당신은 당신의 테니스 게임과 별개의 존재라는 점을 명심하라. 당신은 당신의 몸이 아니다. 마치 다른 사람을 응원하듯이 당신의 몸이 배우고, 경기를 할 수 있도록 신뢰해야 하는 것이다. 그렇게 되면 분명 얼마 지나지 않아 기대 이상의 성과를 거둘 수 있을 것이다. 그러니 꽃이 만개할 수 있도록 '놔두자'.

이상의 이론은 그냥 받아들이지 말고 직접 경험해 봐야 한다. 이번 장의 나머지 부분에서는 어떤 일을 하도록 만드는 것과 할 수 있도록 놔두는 것의 차이를 체감할 수 있는 몇 가지 사례를 들 것이다. 당신도 직접 경험을 통해 랠리를 할 때와 압박감 속에 경기를 치를 때, 얼마나 자신을 신뢰하고 있는지 확인해 보길 바란다.

그냥 놔두기

자, 이제 여러분은 이러한 의문이 들지 모른다. "한 번도 포핸드를 쳐본 적이 없다면 어떻게 포핸드가 자연스럽게 '나오도록 놔둘 수' 있죠? 어떻게 하는지 알려줄 사람이 필요하지 않나요? 테니스를 처음 치는 상황에서 어떻게 코트에 나가 자연스럽게 샷이 '나오도록 놔둘 수' 있는 거죠?" 정답은 이렇다. 당신의 몸이 포핸드 치는 방법을 알고 있다면 알아서 치도록 놔둬라. 그렇지 않다면 배울 수 있도록 놔둬라.

자아 2의 행동은 자신의 동작에 대한 기억이나 타인의 동작을 관찰한 기억에 저장된 정보를 기반으로 한다. 라켓을 처음 손에 쥔 사람은 먼저 몇 차례 공을 스트링에 맞혀야 할 필요가 있다. 그래야 자아 2가 라켓 중심이 손잡이를 잡은 손의 위치에서 얼마나 떨어져 있는지 파악할 수 있다. 제대로 치건, 빗맞건 상관없이 공을 칠 때마다 자아 2의 컴퓨터 메모리는 유용한 정보를 선택해서 추후 사용할 수 있도록 저장한다. 연습하면 할수록 자아 2는 메모리 창고에 저장된 기억을 새롭게 업데이트하고 확장한다. 다양한 속도와 회전으로 공을 치면서 공이 얼마나 높이 튀는지, 얼마나 빨리 떨어지고 튀어 오르는지, 상대 코트의 다른 쪽을 공략하려면 어느 지점에서 공을 쳐야 하는지와 같은 정보를 계속해서 학습하는 것이다. 당신이 집중만 한다면 모든 동작과 그 결과를 기억할 수 있다. 그렇기 때문에 초보자가 명심해야 할 점은 자연적 학습 과정이 일어날 수 있도록 놔두고, 스트로크 하나하나마다 어떻게 쳐야 한다는 지시를 내리지 말아야 한다는 사실이다. 그렇게 하면 놀라운 결과를 경험하게 될 것이다.

쉽게 배우는 방법과 어렵게 배우는 방법을 잘 설명해 주는 예를 하나 들어보겠다. 나는 12살이었을 때 댄스 교습소에서 왈츠, 폭스트롯과 같이 노인들이나 알 만한 스텝을 배운 적이 있었다. "오른발은 이쪽에, 왼발은 저쪽에 놓으세요. 그런 다음 두 발을 모으고, 이제 왼발에 체중을 싣고 한 바퀴 도세요." 이런 식이었다. 그다지 복잡한 스텝은 아니었지만, 머릿속으로 순서를 되새기지 않고 춤을 추기까지 몇 주가 걸렸다. "왼발은 이쪽, 오른발은 저쪽, 한 바퀴 돌고, 하나, 둘, 셋, 하나, 둘, 셋." 나의 뇌는 모든 스텝을 하나하나 생각한 다음, 팔과 다리에 지시를 내렸고, 이들은 지시를 그대로 수행했다. 파트너의 존재는 거의 인지하지 못했고, 춤을 추면서 대화를 나눌 여유가 생기기까지는 많은 시간이 필요했다.

　우리는 테니스의 풋워크와 스트로크도 대개 이런 방식으로 배운다. 하지만 이는 정말로 더디고 고통스러운 과정이다! 요즘 12살짜리 아이가 춤을 배우는 방법과 한번 비교해보자. 그는 파티에 가서 친구들이 유행하고 있는 춤을 추는 모습을 지켜본 다음, 완벽하게 마스터한 상태로 집에 돌아온다. 이들 춤은 폭스트롯과는 비교가 불가능할 정도로 복잡하다. 동작 하나하나를 글로 옮겨서 설명하고자 한다면 그 매뉴얼의 두께는 상상을 초월할 것이다! 그리고 '책을 통해' 춤 동작을 익히려 한다면 체육 교육을 전공한 박사가 한 학기 내내 가르쳐야 할지도 모른다. 하지만 수학과 영어 과목에서 낙제점을 받았을지도 모르는 이 소년은 단 하룻밤 사이에 별다른 노력을 하지 않고도 춤을 배울 수 있었다.

　어떻게 이것이 가능할까? 우선 단순히 지켜보는 것이다. 왼쪽 어깨를 약간 들면서 머리를 앞으로 쭉 빼고 오른발을 비트는 동작을 보면서도 머릿속으로는 아무런 생각을 하지 않는다. 단지 눈앞에 펼쳐지는 이미지를 시각적으로 흡수하는 것이다. 이들 이미지는 자아-정신을 거쳐 가지 않고 신체 각 부분으로 바로 전달된다. 그리고 얼마 지나지 않아 보던 동작을 거의 유사하게 따라 할 수 있게 된다. 이제 그는 이러한 이미지를 흉내 내는 것이 어떤 것인지 느끼고 있다. 지켜보고, 느끼는 과정을 몇 차례 반복하고 나서는 이제 힘들이지 않고 춤을 출 수 있게 된다. 다음 날 동생이 어떻게 춤을 추는 건지 가르쳐 달라고 한다면 아마도 이렇게 말할 것이다. "나도 몰라…. 그냥 이렇게?" 역설적으로 들리겠지만 그는 말로 표현하지 못하기 때문에 어떻게 춤을 추는 건지 모른다고 생각한다. 반면 지시를 통해 테니스를 배운 우리들은 공을 어떻게 쳐야 하는지 구체적으로 설명할 수 있긴 하지만 실제로 잘 치지는 못한다.

자아 2에는 눈으로 한 번 보는 것이 백 마디 말보다 효과적이다. 자아 2는 스스로 동작을 하면서 배우기도 하지만 남들의 동작을 보면서 배우기도 한다. 챔피언십 대회를 TV로 본 다음 공이 갑자기 잘 맞는 현상은 테니스를 치는 사람이라면 대부분 경험해봤을 것이다. 이러한 효과는 톱플레이어의 스트로크를 철저하게 분석했기 때문이 아니다. 이는 사고의 개입 없이 집중한 상태에서 눈앞에 보이는 이미지를 흡수할 수 있었기에 가능한 것이다. 그리고 다음 경기를 하면 특별히 노력하지 않더라도 타이밍이나 예측력, 그리고 자신감과 같이 눈에 보이지 않는 부분들이 엄청나게 좋아진 것을 확인하게 될지도 모른다.

자아 2와 소통하기

요약하자면 우리 대부분은 자아 2와 새로운 관계를 정립할 필요가 있다. 새로운 관계를 형성하기 위해서는 새로운 소통 방식이 필요하다. 이전의 관계가 불신에서 기인한 비판과 통제를 특징으로 했다면, 새로운 관계는 존중과 신뢰를 기반으로 할 것이다. 이러한 관계 전환은 태도의 변화에서 시작된다. 자아 1이 비판적인 시각으로 자아 2를 바라볼 때는 멸시와 비난을 통해 이를 억압한다. 하지만 자아 1이 자아 2가 지닌 본연의 지능과 잠재력을 인지한다면 자아 2를 존중하는 태도를 배울 수 있다. 이러한 태도를 겸손이라고 하는데, 이는 존중하는 대상에 대해 자연스럽게 느끼게 되는 감정이다. 자아 2를 존중하는 태도로 대하게 되면 이를 통제하고 비판하려는 생각은 서서히 사라지면서 자아 2의 진정한 모습이 드러날 것이다. 존중하는 태도를 지니면 상대방의 언어로 말하는 법을 배우게 된다.

이 장의 나머지 부분에서는 자아 2와의 의사소통에 기본이 되는 3가지 방법에 대해 다룰 것이다. 가장 적절한 언어를 사용하는 것은 바람직한 의사소통의 기본이다. A가 B에게 자신의 의사를 가장 확실하게 전달하기 위한 방법은 가능하다면 B의 모국어를 쓰는 것이다. 그렇다면 자아 2의 모국어는 무엇일까? 분명 말은 아닐 것이다! 말은 자아 2가 출생 후 수년이 지나고 나서야 배우는 것이다. 자아 2의 모국어는 바로 이미지, 즉 감각적 이미지다. 시각적 이미지와 감정적 이미지를 통해 동작을 배우는 것이다. 이제 곧 논의할 의사소통의 3가지 방법은 모두 시각적 이미지와 감정적 이미지를 통해 자아 2에 목적이 담긴 메시지를 전달한다.

결과의 추구

테니스를 배우는 사람 중 다수는 스트로크 자체에 집중한 나머지 그 결과에는 신경을 쓰지 않는다. 이런 사람들은 어떻게 공을 칠지에 대해 생각하긴 하지만 공이 실제로 어디로 날아가는지에는 관심이 없다. 이러한 경우에는 수단보다는 결과에 조금 더 주의를 기울이는 것이 도움이 될 수 있다. 일례를 들어보자.

5명의 여성을 대상으로 그룹 레슨을 진행할 때였다. 나는 각자에게 자신의 게임에서 어떤 점이 가장 바뀌길 바라는지 물었다. 첫 번째 여성인 샐리는 포핸드가 최근에 정말 안 좋아졌다면서 좀 더 개선하길 원했다. 포핸드의 어떤 부분이 마음에 들지 않는지 묻자 그녀는 대답했다. "백스윙이 너무 늦고, 지나치게 높아요. 팔로우 스루를 할 때는 라켓 면이 너무 많이 돌아갑니다. 또 공을 끝까지 쳐다보지 못하고, 풋워크도 좋지 못한 것 같아요." 이 모든 부분에 해답을 제시하려면 다른 사람의 차례로 넘어가지 못할 것 같았다.

나는 샐리에게 포핸드의 결과가 어떤지 물었다. "공이 뻗지 못하고, 힘도 없네요." 자, 이제 목표가 정해졌다. 나는 그녀의 몸(자아 2)이 공을 길게, 그리고 더 강력하게 보내는 방법을 이미 알고 있을 것이며, 설사 그렇지 않다고 해도 금방 배우게 될 거라고 말했다. 그러고는 공이 코트 깊숙이 꽂히기 위해서는 네트 위 어느 정도 높이로 통과해서 어떤 궤적을 그리며 날아가야 하는지 상상해보고 그 이미지를 잠시 마음속에 간직하라고 했다. 그러고 공을 직접 쳐보기 전에 한 마디 덧붙였다. "의도적으로 공을 코트 깊숙이 보내려고 하지는 마세요. 그냥 자아 2에 맡기고 어떻게 되는지 한번 봅시다. 공이 계속 짧게 떨어지더라도 굳이 교정하려고 하지 마세요. 마음을 비우고 기다려 봅시다."

샐리가 세 번째로 친 공은 베이스라인 바로 앞쪽에 떨어졌다. 이후 20개의 공 중에서 15개가 코트의 뒤쪽 4분의 3 지점 이내에 들어왔고, 공의 위력도 점점 세졌다. 그녀가 공을 치는 동안 나와 다른 4명의 여자는 그녀가 언급한 부분들이 눈에 띄게, 그리고 자연스럽게 바뀌고 있는 것을 볼 수 있었다. 백스윙이 낮아졌고, 팔로우 스루 시 라켓 면의 각도도 일정했으며, 몸의 균형을 잘 유지하면서 자신감을 가지고 공을 대할 수 있게 된 것이다. 레슨이 끝나자 나는 그녀에게 어떤 점을 바꿨는지 물었다. "바꾼 게 없어요. 단지 공이 네트 위 5cm 높이로 통과해서 베이스라인에 떨어지는 모습을 상상했는데 정말 그렇게 되었네요!" 그녀의 대답에는 기쁨과 놀라움이 묻어났다.

샐리의 포핸드가 변화할 수 있었던 것은 자아 2에게 원하는 결과에 대한 분명한 이미지를 제공했기 때문이다. 그런 다음 자신의 몸에 이렇게 말한 셈이다. '자, 목표를 알려줬으니 이제 알아서 해봐.' 그러고는 몸이 알아서 하도록 놔두기만 했던 것이다.

특히 시합을 할 때, 원하는 결과에 대해 최대한 구체적인 이미지를 가지는 것은 자아 2와의 소통에서 가장 유용한 방법이다. 경기가 시작되고 나서 스트로크를 교정하는 것은 현실적으로 불가능하겠지만, 공을 어디로 보낼지에 대한 이미지를 마음속에 지니고 이를 실행하기 위해 우리 몸이 필요한 일을 하도록 하는 것은 가능하다. 여기서는 자아 2에 대한 신뢰가 가장 중요하다. 자아 1은 긴장을 풀어야 하고, '어떻게 해야 하는지' 지시를 내리면서 스트로크를 통제하려고 해서는 안 된다. 자아 1이 마음을 비울 줄 알게 되면 자아 2의 능력에 대한 자신감이 점점 커질 것이다.

폼의 추구

스트로크를 구성하는 여러 요소 중 한두 가지에 집중해서 변화를 추구하는 것은 종종 도움이 된다(이 과정은 6장 '습관 바꾸기'에서 좀 더 자세히 논의할 것이다).

요약하자면 이는 결과를 추구하는 것과 매우 유사하다. 예를 들어, 당신이 팔로우 스루를 할 때 라켓 면이 계속 돌아가고 있고, 아무리 노력해도 이를 바꾸지 못한다고 가정해보자. 먼저 당신은 자아 2에게 원하는 것이 무엇인지 정확한 이미지를 그려줘야 한다. 이를 위해 가장 좋은 방법은 라켓을 손에 쥐고 원하는 팔로우 스루 자세를 취하면서 수 초 동안 집중해서 쳐다보는 것이다. 이미 올바른 팔로우 스루 자세를 알고 있기 때문에 이렇게 하는 것이 우스꽝스럽게 생각될지도 모르겠지만 자아 2에게 따라 해야 할 이미지를 제공하는 것은 정말로 중요하다. 그런 다음 눈을 지그시 감고 라켓을 플랫 상태로 유지한 채 포핸드 스윙을 하는 장면을 가능한 한 생생하게 머릿속으로 그려보자. 그리고 공을 치기 전에 몇 차례 스윙하면서 플랫 상태로 끝까지 스윙하는 것이 어떤 것인지 느껴보자. 하지만 실제로 공을 칠 때는 라켓을 플랫으로 유지하기 위해 의식적으로 노력하지 않는 것이 중요하다. 자아 2가 플랫으로 치도록 한 상태이므로 그냥 놔두면 된다. 이때 자아 1의 역할은 한발 물러서서 결과를 관찰하는 것이다. 다시 한번 강조하지만, 라켓을 플랫으로 유지하기 위해 의식적으로 노력하지 않는 것이 중요하다. 몇 차례 스트로크를 한 다음에도 자아 2에 심어준 이미지와 다른 결과가 나올지도 모른다. 그렇다면 다시 원하는 결과를 상상한 다음 몸이 알아서 스트로크를 하도록 놔두자. 반드시 성공해야 한다는 생각을 버려라. 그런 강박관념을 가지면 자아 1이 개입할 수 있어서, 자아 2가 스스로 하는 건지 아닌지 알 수 없게 된다.

두 가지 실험

자연스럽게 나오도록 놔두는 것과 의식적으로 유도하는 것의 차이를 이성적으로 이해하는 것도 중요하지만 이를 실제로 경험해 볼 필요가 있다. 경험하면 자연스럽게 알게 된다. 이를 위해 두 가지 실험을 제안하겠다.

첫 번째 실험은 고정된 목표물을 테니스공으로 맞히는 것이다. 서비스 코트의 백핸드 쪽 코너에 테니스공 한 캔을 놓아두자. 그런 다음 어떻게 스윙을 해야 맞힐 수 있을지 한번 고민해 보자. 공을 어느 정도 높이로 토스를 할지, 임팩트 시의 라켓 각도는 어느 정도가 적당할지, 적절한 체중 이동은 어떻게 하면 좋을지 등을 생각해 보는 것이다. 이제 캔을 겨냥해서 맞히려고 해보자. 실패한다면 다시 한번 시도하자. 만약 성공한다면 다시 한번 맞히기 위해 방금 한 동작을 반복하자. 이러한 과정을 몇 분 동안 하고 나면 '의식적인 노력'을 통해 서브하는 것이 어떤 것인지 경험할 수 있을 것이다.

이 경험을 완전히 체득한 다음, 캔을 다른 쪽 서비스 코트의 백핸드 코너에서 두 번째 실험을 시작해보자. 이번에는 베이스라인에 서서 심호흡을 몇 차례 한 다음에 몸에 힘을 최대한 뺀 상태에서 캔을 주시한다. 그러고는 라켓에서 캔까지의 공이 날아가는 경로를 한번 머릿속으로 그려보자. 캔에 그려진 상표를 정확히 맞히는 모습이다. 이제 필요하다면 눈을 감고, 머릿속으로 서브를 넣으면서 공이 캔을 맞히는 장면을 상상해보자. 이 과정을 몇 차례 반복한다. 상상 속에서 공이 캔을 맞히지 못하더라도 상관없다. 목표물에 명중할 때까지 몇 번 더 이미지를 그려보자. 공을 어떻게 쳐야 한다는 생각은 버려야 한다. 목표물을 의식적으로 맞히려고 해서도 안 된다. 당신의 몸, 즉 자아 2가 알아서 하도록 놔두자. 통제하려고 해서는 안 된다. 상상 속의 잘못된 습관일지라도 교정하지 말자. 몸이 알아서 하도록 신뢰하기만 하면 된다. 공을 토스한 다음, 솔기에만 집중한 상태에서 몸이 알아서 서브하도록 놔두자.

공은 목표물을 맞힐 수도 있고, 빗나갈 수도 있다. 하지만 어디에 떨어지는지 정확한 위치를 파악할 필요가 있다. 성공과 실패로 인한 감정적 반응에서 벗어나야 한다. 목표가 무엇인지 상기하면서 결과에 대해서는 객관적인 관심만 가지도록 하자. 그런 다음 다시 한번 서브를 넣는다. 빗나간다고 해서 놀라거나 실수를 교정하려고 해서는 안 된다. 이 점이 가장 중요하다. 다시 한번 캔에 집중하고, 마음을 비운 채 서브를 넣어보자. 캔을 맞히려고 의식적으로 노력하지 않고, 실수를 교정하려고 하지 않으면서 당신의 몸과 머리를 온전히 신뢰한다면, 서브가 저절로 좋아지는 모습을 볼 수 있을 것이다. 누구로부터의 지시도 받지 않으면서 자아 2가 스스로 움직이고, 배우는 것을 경험할 것이다. 이러한 과정을 지켜보자. 캔에 더욱 근접하기 위해 당신의 몸이 만드는 변화를 관찰하자. 물론 자아 1은 매우 영악하기 때문에 이를 완전히 배제하기란 정말 어려운 일이다. 하지만 자아 1의 목소리가 작아질수록 자아 2가 행동하는 모습을 볼 수 있으며, 자아 2의 자연스러우면서도 무한한 능력에 감탄하지 않을 수 없을 것이다.

자아 2의 실체를 경험하기 위한 두 번째 실험을 하기 위해서는 먼저 당신의 스트로크 중 어떤 부분을 바꾸고 싶은지 결정해야 한다. 바꾸고 싶지만 매번 실패로 끝난 안 좋은 습관을 고르면 된다. 그런 다음 코트에 나가 친구에게 공을 20개 정도 던져달라고 하면서 이 습관을 교정하도록 해보자. 이 친구에게 뭘 하려고 하는지 먼저 설명하고 변화를 관찰해 달라고 하자. 힘껏 노력해보자. 그동안 습관을 바꾸기 위해 시도해봤던 방식대로 하는 것이다. 이런 시도도 경험해 봐야 한다. 실패할 경우 어떤 기분이 드는가? 어색한 기분이 드는지, 긴장하지는 않는지 잘 살펴보자. 이제 랠리를 하면서 교정된 스트로크를 시도해보자. 그러고는 시합을 할 때는 어떻게 되는지 한번 보자.

이제 바꾸고 싶은 다른 습관을 선택한다. 아니면 방금 골랐던 습관을 다시 선택해도 된다(첫 번째 시도로 이 습관이 교정되지 않았다면 다른 방법으로 시도해 보는 것이 어떤 결과를 낳을지는 분명 흥미로울 것이다). 친구에게 공을 5개나 10개 정도 던져 달라고 하자.

이 과정에서는 스트로크에 어떤 변화를 주려고 해서는 안 된다. 단지 지켜보기만 하자. 분석하지도 말고 그냥 유심히 관찰하기만 하면 된다. 그러면서 라켓의 위치가 어디인지 항상 파악해보자. 판단을 배제하면서 스트로크를 관찰하기만 해도 변화가 생길 수 있다. 하지만 좀 더 많은 변화를 원한다면 바람직한 형태의 이미지를 그려보자. 자아 2가 어떻게 하기를 원하는지 구체적으로 그려보는 것이다. 시각적인 이미지를 그리면서 원하는 경로를 따라 라켓을 천천히 움직여보고, 이를 주의 깊게 관찰하자. 그러고는 이 과정을 반복하되 새로운 방식으로 라켓을 움직이는 것이 정확히 어떤 것인지 느껴보자.

이미지와 느낌을 가지게 되었다면 이제 공을 칠 준비가 끝났다. 공의 솔기에 눈과 마음을 집중하고 몸이 알아서 공을 치도록 놔두자. 그러고는 어떤 결과가 나타나는지 지켜보자. 다시 강조하지만 분석해서는 안 된다. 자아 2가 당신이 원하는 모습에 얼마나 가깝게 실행하는지 관찰하기만 하면 된다. 생각했던 경로대로 라켓이 움직이지 않는다면 다시 이미지를 그려보고 스트로크를 해보자. 이러한 과정을 지속하면 공을 칠 때마다 자아 1은 점점 더 편안한 상태가 된다. 오랫동안 고치기 힘들었던 습관을 불과 몇 분 만에 바꿀 수 있는 것이다. 공을 20개 정도 친 다음, 랠리를 해보자. 하지만 '제대로' 치기 위해 의식적으로 노력하면 안 된다는 점을 명심해야 한다. 당신의 스윙에서 어떤 부분이 변하고 있는지를 계속 지켜보기만 하면 된다. 다른 사람의 스트로크를 관찰하듯이 한 걸음 떨어져서 관심을 가지고 지켜보자. 단지 보기만 해도 자연스러운 과정을 통해 스트로크가 바뀔 것이다.

사실 이는 믿기 어려운 말처럼 들릴 수도 있다. 직접 경험하고 나서 결과를 보는 수밖에 없다.

습관의 변화는 많은 선수가 레슨을 받으면서 수많은 시간과 돈을 투자하고 있는 부분이기 때문에 이에 관해서는 할 말이 많다. 하지만 습관 변화의 기술에 대해 더 자세히 언급하기 전에 자아 2와 소통하는 세 번째 방법에 대해 논의해 보도록 하자.

질적 추구

앞장에서는 판단의 과정이 반복되면 점차 그 영역이 확대되면서 결국에는 부정적인 자아 이미지가 형성된다고 했다. 자신을 그다지 훌륭한 테니스 선수가 아니라고 생각하면서 실제로 그러한 생각에 맞게 행동하며, 자신의 진정한 잠재력에는 눈길조차 주지 않는 것이다. 대부분의 선수는 실제보다 실력이 떨어지는 선수의 역할을 수행하도록 자신에게 최면을 걸지만, 이와 정반대의 역할극을 해 본다면 종종 흥미로운 결과가 도출될 수 있다.

'질적 추구'는 이러한 역할극을 가리키는 말이다. 이러한 생각을 처음 했을 때, 나는 다음과 같이 말하곤 했다. "제가 TV 시

리즈의 감독이라고 생각해 보세요. 당신은 테니스를 치는 역할을 맡은 배우인데, 제가 일류 테니스 선수처럼 치도록 주문할 겁니다. 공이 아웃되거나 네트에 걸리는 건 염려하지 않아도 돼요. 카메라는 당신의 모습만 담을 거고, 공을 따라 가지는 않을 겁니다. 제가 당신에게 바라는 건 프로 선수처럼 보이도록 자신감을 가지고 스윙을 하는 겁니다. 무엇보다도 표정에 의구심이 있어서는 안 돼요. 공을 원하는 곳 어디로든지 칠 수 있는 것처럼 보여야 합니다. 배역에 몰입하면서 공이 어디로 가는지는 신경 쓰지 마시고 가능한 한 힘껏 치도록 해보세요."

이런 식의 역할극은 통상적인 '긍정적 사고'와 다른 중요한 점이 있다. 후자는 자신이 슈테피 그라프나 마이클 창이라고 생각하는 것이다. 하지만 역할극에서는 당신이 스스로 생각하는 것 이상의 실력을 갖췄다고 확신하지는 않는다. 역할을 의식적으로 수행하기는 하지만 그런 과정에서 자신의 잠재력이 어디까지인지 더욱 명확하게 인지할 수 있게 된다.

테니스를 1년 이상 친 사람들은 대개 특정 패턴을 가지게 되며, 이는 좀처럼 바뀌지 않는다. 어떤 사람은 수비형 패턴을 채택한다. 그들은 모든 공을 살리려고 최선을 다하며, 로브를 자주 시도하고, 상대 코트 깊숙이 공을 보내지만 강하게 치거나 위너를 노리는 경우는 드물다. 수비형 선수들은 상대가 실수하기를 기다리며 무한한 인내심을 발휘하면서 서서히 상대를 무너뜨린다. 일부 이탈리아 출신 클레이코트 스페셜리스트들이 수비형 스타일의 전형이라 할 수 있다.

이와 정반대의 공격형 스타일도 있다. 극단적인 경우라면 모든 공을 칠 때 위너를 노리는 것이다. 모든 서브는 에이스를 목표로 하고, 모든 리턴은 깨끗한 패싱샷을 노린다. 발리와 스매싱은 아웃라인에서 5cm 이내에 떨어지도록 조준한다.

세 번째 유형은 흔히 '전형적' 스타일이라고 불린다. 이 유형의 선수는 스트로크를 멋지게 칠 수만 있다면 공이 어디로 가는지는 크게 개의치 않는다. 경기에서 승리를 거두는 것보다는 완벽한 폼으로 치기를 원하는 것이다.

반면 경쟁적 스타일의 선수는 승리를 위해서라면 수단과 방법을 가리지 않는다. 열심히 뛰어다니고, 상대를 가장 괴롭히기 위해 공을 세게 치기도 하고, 살살 치기도 하며, 정신적 약점이나 신체적 약점을 파고든다.

이들 기본 스타일을 수강생들에게 간단히 설명한 다음, 본인이 지금까지 추구해왔던 스타일과 가장 동떨어진 스타일로 한번 해보도록 권장한다. 그리고 어떤 스타일을 선택했건 간에 실력이 뛰어난 선수의 역할을 하라고 하는 것이다. 이러한 역할극은 재미도 있지만 경기력의 범위를 상당히 넓혀주기도 한다. 수비형 선수는 위너를 치는 법을 배우고, 경쟁적인 선수는 우아하게 칠 수도 있다는 사실을 알게 되는 것이다. 본인의 습관적인 패턴에서 벗어나면 본인 스타일의 한계를 훌쩍 넘어설 수 있으며, 잠재된 특성을 파악할 수도 있다. 자아 2가 가지고 있는 다양한 특성을 보다 쉽게 접하면서, 주어진 상황에 맞는 특성을 소환할 수 있다는 사실을 깨닫게 된다. 그리고 이러한 사실은 코트에서뿐만 아니라 코트 밖에서도 적용될 수 있다.

판단하지 않기, 이미지 그리기, '자연스럽게 하도록 놔두기'는 이너 게임에서 가장 기본이 되는 세 가지 기술이다. 네 번째이자 가장 중요한 기술인 '집중'으로 넘어가기 전에 다음 장에서 외적 기술에 대해 살펴보고, 자아 2의 타고난 능력을 약화하는 판정적 사고와 지나친 통제를 하지 않으면서 이들 기술을 마스터할 방법에 대해 논의하도록 하겠다.

제 5 장

기술의 발견

마음속에서 떠오르는 생각을 잠재우면서 자신에게 지시를 내리지 않고, 집중하며, 신체가 가진 잠재력을 최대한 발휘할 수 있도록 신뢰하는 것이 지난 장에서 강조한 내용이었다. 이는 더 자연스럽고 효과적인 방법으로 테크닉을 배우는 데 기초가 된다. 다양한 테니스 스트로크의 세부적인 기술을 다루기에 앞서 기술적인 지시와 자아 2의 학습 과정의 관계에 관해 잠깐 언급하겠다.

어떠한 교습 시스템이건 간에 누구나 타고난 자연적 학습에 대한 이해를 기반으로 하는 것이 가장 합리적일 것이다. 당신의 DNA에 각인된 학습 과정을 방해하는 교습이 적을수록 보다 효과적인 학습이 가능하다. 다시 말하면 교습 과정에서 두려움과 의심이 적을수록 자연적 학습 단계를 밟아나가기가 더욱 쉽다. 누군가의 가르침 없이 어린아이가 무언가를 스스로 터득하는 과정을 지켜보거나 동물이 새끼를 가르치는 모습을 보면 자연적 학습에 대한 통찰과 신뢰를 얻을 수 있을 것이다.

나는 어느 날, 샌디에이고 동물원을 거닐다가 우연히 엄마 하마가 새끼에게 처음으로 수영을 가르치는 것처럼 보이는 장면을 목격했다. 꽤 깊은 물 속에서 하마 한 마리가 표면 위로 코만 내민 채 떠다니고 있었는데, 어느 순간 바닥을 향해 잠수해 내려가 20초 정도 머문 후, 뒷다리로 바닥을 힘껏 차면서 다시 수면 위로 떠올랐다. 그때 새끼 하마와 함께 햇볕을 쬐던 엄마 하마 한 마리가 새끼를 물가로 데리고 갔다. 새끼 하마는 물속에 빠지자

마자 마치 돌덩어리처럼 바닥으로 가라앉았다. 엄마 하마는 얕은 물가 쪽으로 느긋하게 걸어가서는 서서히 물속으로 들어갔다. 20초 정도 지난 후 그녀는 새끼에게 다가갔고, 수면을 향해 코로 새끼를 밀어 올렸다. 수영을 처음 배우는 이 어린 수강생은 수면 위로 올라가 숨을 한 번 들이쉬고는 다시 가라앉았다. 엄마 하마는 한 차례 더 새끼를 밀어 올리고 난 다음 깊은 물가로 갔다. 이번 수업에서의 그녀의 역할이 끝났다는 것을 알고 있던 것이다. 새끼 하마는 수면 위로 올라와 숨을 들이켜고 다시 바닥으로 가라앉았지만 약간의 시간이 지난 후 뒷다리로 바닥을 박차고 스스로 수면 위로 올라왔다. 그러고는 이 새로운 기술을 수없이 반복했다.

엄마 하마는 몇 번의 '시범'이 필요한지, 언제 격려가 필요하고 언제부터 불필요한지를 정확히 알고 있는 것 같았다. 그리고 '시동'을 걸어준 다음부터는 새끼의 본능을 신뢰할 줄 알았다. 나는 톱스핀 백핸드가 당신의 유전자에 각인되어 있다고 말하는 것은 아니다. 하지만 당신의 몸에 내재된 자연적 학습 과정을 인지하고 이를 존중하자는 말이다. 코치이건 학생이건 간에 이 자연적 학습 과정과 조화를 이룰 때에야 비로소 진정한 자신의 모습을 보여줄 수 있으며, 가장 효과적인 학습이 가능할 것이다.

누가 기술을 가르치기 시작했나?

테니스는 1800년대 후반 유럽에서 미국으로 건너왔다. 초창기에는 테니스 기술을 가르칠 수 있는 전문적인 코치가 없었다. 경험을 통해 '감'을 가지고 있던 선수가 가장 훌륭한 코치였고 이러한 감을 타인에게 전하려 했다. 기술에 관한 지식이나 이론을 어떻게 활용할지를 이해하기 위해서는 먼저 경험이 지식에 선행한다는 사실을 인식하는 것이 중요하다. 우리는 라켓을 들어보기도 전에 책이나 기사를 통해 기술적인 부분에 대한 지식을 얻을 수 있다. 하지만 이러한 지식은 어디서 비롯된 것인가? 과거 어느 시점에서 누군가의 경험에서 기원한 것은 아닌가? 우연이건 의도적이었건 간에 누군가가 특정한 방식으로 공을 쳤는데, 느낌이 좋았고 공이 잘 들어갔던 것이다. 그는 수많은 시도를 하면서 조금씩 교정을 했고, 마침내 재현 가능한 형태의 스트로크를 구사할 수 있게 되었다.

그리고 이렇게 공을 치는 방법을 재현하거나 다른 사람에게 전달하기 위한 방편으로 언어를 사용해 본인의 스트로크를 기술하려 했을 것이다. 하지만 언어는 동작이나 생각, 경험을 나타낼 뿐, 그 자체가 동작은 아니다. 그렇기 때문에 스트로크의 미묘함이나 복잡다단함을 일부밖에 전달하지 못한다. 이러한 교습 내용은 언어의 형태로 우리의 기억 속에 저장될 수 있지만 교습 내용을 기억하는 것이 스트로크 자체를 기억하는 것은 결코 아니라는 점을 잊어서는 안 된다.

　물론 올바른 지시가 올바른 결과를 초래한다고 생각하면 편할 것이다. '밑에서 위로 올려 치세요'와 같은 지시를 통해 톱스핀 백핸드를 지속적으로 구사할 수 있다고 생각하는 것처럼 말이다. 우리는 자아 2의 '경험으로부터의 학습'보다는 자아 1의 '관념적인 기술 학습'을 신뢰하려는 성향이 있다. 자아 2의 역할은 무시한 채 좋은 샷을 치기 위해 지시 사항의 준수만을 고집한다면, 좋은 샷이 나오지 않았을 때 쉽게 실망하게 된다. 지시는 항상 올바르다고 생각하기 때문에 이를 제대로 따르지 못해 범실이 나온 것이라는 결론에 도달하는 것이다. 그렇게 되면 자신에게 분노하게 되고, 자신의 능력을 폄하하는 말을 하며, 본인이 멍청하다고 하는 등 온갖 비난을 퍼붓는 상황에 이르게 된다.

　하지만 자아 2를 신뢰하지 못하고, 자아 1의 통제 능력을 지나치게 맹신했기에 이러한 범실이 나온 것일 수도 있다. 자신을 사람이라기보다는 명령에 순종하는 컴퓨터로 여기는 것과 마찬가지다. 우리가 원하는 동작을 수행하기 위한 정보는 근육 기억 muscle memory에 저장되는데, 자아 2에 대한 불신은 근육 기억에 접근하는 것을 차단한다. 현대 사회에서는 어떤 사실을 표현하는 수단으로 언어에 지나치게 의존하는 경향이 있다. 이러한 환경에서는 샷 자체를 느끼고, '기억'하는 능력을 잃어버릴 가능성이 있다. 이러한 기억이야말로 자아 2에 대한 신뢰에서 비롯되며, 이러한 기억 없이는 어떤 훌륭한 기술도 지속적으로 유지되기가 어려울 것이다.

말로 전달된 지시 사항이 경험의 저장 창고에 존재하지 않는 내용이라면, 이는 경험과는 동떨어진 채 기억 속에 별개로 머무를 것이다. 이런 상황에서는 이론의 기억과 실행의 기억 간의 간극이 더욱 커질 가능성이 높아진다(T.S. 엘리엇이 쓴 '할로우 맨The Hollow Men'에 나오는 구절이 떠오른다. '생각과 현실 사이, 망설임과 행동 사이에 그림자가 드리운다').

경험을 통해 샷 하나하나를 직접 체득하는 대신 지시 사항을 통해 샷을 판단하기 시작한다면 경험과 지시 간의 거리는 더욱 벌어질 것이다. 이러한 지시 사항은 대개 '해야' 또는 '하지 말아야'와 같은 단어를 사용하는데, 이로 인해 자아 2는 직관적으로 동작을 수행하는 데 두려움을 느끼게 된다. 나는 수강생들이 완벽한 샷을 구사하고 나서도 '잘못'했다는 생각에 불평하는 것을 여러 차례 경험했다. 그들은 본인의 스트로크를 자신이 알고 있는 '올바른' 방법에 끼워 맞추려 한다. 하지만 그렇게 억지로 맞춰진 스트로크는 파워가 감소하고, 일관성이 떨어지며, 부자연스러운 스윙이 되고 만다.

즉, 지시 사항에 지나치게 의존함으로써 자신의 동작을 느끼지 못하면 자연적 학습 과정을 통한 접근이 어려워질 뿐만 아니라 우리의 잠재력을 제대로 발휘하지 못하게 된다. 반면, 자아 2의 본능을 믿고 공을 친다면 가장 단순하면서도 빠른 방법으로 최적의 샷을 구사할 수 있는 것이다.

다소 이론적으로 설명하긴 했지만 지나치게 많은 지시 사항은 샷을 구사하는 데 오히려 방해될 수 있다는 사실은 미국테니스협회 스포츠과학 분과에서도 확인된 사항이고, 많은 사람의 경험에 의해서도 입증되었다. 열 명에게 같은 내용의 지시 사항을 전달하더라도 이는 열 가지 의미를 지닌다는 사실 역시 흔히 경험할 수 있다. 어떤 지시 사항을 명확하게 이해하지 못한 상태에서 이를 완벽히 수행하는 것에 집착한다면 스윙이 부자연스러워지고 힘이 들어가게 된다. 이런 상황에서는 결코 좋은 스윙을 기대할 수 없을 것이다.

4장까지의 내용에서 플레이를 하는 동안 몸과 라켓, 그리고 공에 집중만 하더라도 많은 기술을 자연스럽게 습득할 수 있다고 했다. 어떤 동작에 대한 집중력이 높아지면 경험을 통해 피드백되는 정보가 증가하면서 더 많은 것을 더욱 자연스럽게 배울 수 있게 되며, 이는 어떤 수준의 선수에서도 마찬가지다. 핵심은 경험을 통한 학습을 대체할 방법은 없다는 사실이다. 많은 것을 자연스럽게 배울 수 있는 능력이 있음에도 불구하고 그 방법을 잊어버린 사람들이 많다. 또한 감을 느끼는 방법을 잊어버린 사람들 역시 많다. 어떻게 감을 느껴야 하는지, 어떻게 배워야 하는지를 다시 알아야 할 필요가 있다. '경험보다 소중한 가르침은 없다'라는 경구보다 더 적절한 표현은 없을 것이다.

기술 수업 100% 활용법

이제 한 개인의 경험이 다른 사람에게 어떻게 도움을 줄 수 있는지에 대한 답을 찾아야 한다. 누군가의 경험에서 나온 합리적인 지시 사항이 나 자신의 경험을 통해 스트로크에 눈을 뜨는 데 지침이 된다면, 이는 내게 도움이 된다고 할 수 있을 것이다. 학생의 관점에서 본다면 문제는 어떻게 해야 자아 1의 판단과 의심, 두려움에 얽매이지 않으면서 기술적 지시를 받아들이고, 사용할 수 있을까 하는 점이다. 코치의 입장에서는 어떻게 해야 자연적 학습 과정을 방해하는 것이 아니라 이를 도우면서 지시 사항을 전달할 수 있을까 하는 점이 중요하다. 이러한 질문에 대한 해답을 얻게 된다면 이는 테니스뿐만 아니라 다른 많은 영역에서도 유용하게 적용될 수 있다.

많은 코치가 흔히 하는 간단한 지시 사항부터 시작해보자. '백핸드를 칠 때는 손목을 고정하세요.' 이는 아마도 누군가가 손목을 고정했을 때와 그렇지 않았을 때 백핸드 스트로크의 파워와 일관성을 면밀하게 관찰한 후에 내린 결론일 것이다. 당연한 말처럼 들릴 수 있겠지만 이를 정설로 받아들이기 전에 한 번 차근차근 분석해보자. 컨트롤이 어려울 정도로 손목이 느슨한 상태로 백핸드를 칠 수 있는가? 아마도 가능할 것이다. 이번에는 손목을 지나치게 고정한 상태로 백핸드를 칠 수 있는가? 물론 가능하다. 그렇기에 이러한 지침이 유용하게 들릴 수는 있지만 단순히 지침을 '따르기'만 해서는 그다지 얻을 것이 없다. 이러한 지침은 손목에 어느 정도의 힘을 주는 것이 가장 이상적인지를 발견하도록 안내해 주는 도구로 사용해야 한다. 이는 스트로크를 칠 때 손목의 감에 주의를 기울여야 가능할 것이며, 굳이 말로 표현할 필요는 없다. 어떤 샷은 손목이 지나치게 이완된 상태에서 칠 수도 있고, 어떤 샷은 지나치게 경직된 상태에서 칠 수도 있다. 이러한 과정에서 가장 편안하면서 당신에게 적합한 상태를 자동으로 파악하게 된다. 어느 정도로 힘을 주는 것이 가장 적합한지를 알아내더라도 이를 언어로 옮기는 일은 무척이나 어렵다. 이는 단지 감으로 기억될 뿐이다.

이러한 과정은 지시 사항을 맹목적으로 따르는 것과는 분명 다르다. 그동안 손목이 지나치게 느슨한 상태로 공을 치다가 '손목 고정'을 교리로 받아들이면, 손목을 고정하고 치는 첫 번째 샷은 아마도 훨씬 나아진 것처럼 보일 수 있다. 그렇게 되면 '손목을 고정하니 잘 맞는군' 하며 생각할 테고, 이후 샷을 칠 때마다 '손목 고정'을 스스로 상기시킨다. 하지만 이는 이미 고정된 손목에 더욱 힘이 들어가는 결과를 초래한다. 결국 팔과 목, 볼과 입술까지도 긴장하게 되는 것이다. 지시 사항을 충실하게 이행했을 뿐인데, 대체 뭐가 잘못된 것일까? 얼마 지나지 않아 힘 좀 빼고 치라는 조언을 듣게 된다. 하지만 도대체 얼마나 힘을 빼야 하는 걸까? 힘을 조금씩 빼다 보니 결국 손목이 흔들리는 예전의 상태로 다시 돌아오게 된다.

기술적인 지식을 전달하기 위한 가장 좋은 방법은 우리가 구현하고자 하는 스트로크에 근접하도록 약간의 힌트를 주는 것이다. 이 힌트는 말로 표현되거나 행동으로 나타날 수도 있지만 바람직한 폼을 최대한 잘 전달해야 한다. 이를 위해서는 수강생이 치는 스트로크 하나하나에 최대한 집중하면서 어떻게 했을 때 그 수강생에게 가장 잘 맞는지 감을 느껴야 한다. "톱스핀을 걸려면 아래에서 위로 올려 치세요"라고 지시를 한다고 치자. 나는 자아 1의 과도한 통제를 막기 위해 수강생의 팔을 잡고 라켓을 같이 휘두르면서 방금 한 말이 어떤 의미인지 직접 보여주려 할 것이다. 그런 다음 "이렇게 치라는 건 아닙니다. 단지 라켓이 위에서 아래로 내려오는지, 공과 같은 높이로 가는지, 아니면 아래에서 위로 올라가는지 보기만 하세요"라고 덧붙일 것이다. 몇 개의 공을 아래에서 위로 친 다음, 이번에는 아래에서 위로 올라가는 각도가 어느 정도인지 좀 더 주의 깊게 보라고 했다. 이런 방식을 통해 수강생들은 아래에서 위로 올라가는 라켓의 각도에 따라 톱스핀이 어느 정도 걸리는지를 경험하게 된다. 그러면 특정한 폼을 무조건 따라 해야 한다는 강박관념에서 벗어나 다양한 샷을 체험하며 자신에게 가장 잘 맞는 스트로크를 발견할 수 있을 것이다.

여러 명의 코치가 모인 자리에서 포핸드 스트로크에서 중요한 요소를 모두 적으라고 한다면 적어도 50가지 이상의 상이한 내용이 나올 것이다. 또한 이들 요소마다 여러 개의 세부 항목이 존재할 수도 있다. 이렇게 복잡한 지침을 그대로 수행하는 것이 얼마나 어려울지 한번 생각해보자. 회의감을 느끼지 않을 사람이 얼마나 있을까? 하지만 스윙을 이해하고 그 감을 기억하는 것은 마치 한 장의 그림을 기억하는 것과 같다. 그건 그렇게 어려운 일은 아닐 것이고, 이 그림의 일부가 다른 그림과 다른 점을 발견하는 것도 충분히 가능할 것이다. 이러한 총체적인 그림의 파악을 통한 '기술 개발'은 자아 1의 과도한 통제와 판단을 배제할 수 있는 장점도 가진다. 자아 1은 결국 감보다는 공식에 의존하는 성향을 지니기 때문이다.

이 장의 나머지 부분에서는 스트로크를 효과적으로 구사하기 위한 몇 가지 기술적인 지침을 언급할 것이다. 하지만 필요하다고 생각되는 모든 내용을 전달하려는 것은 결코 아니다. 단지 당신에게 가장 적합한 스트로크를 발견하려는 방편의 일환으로 기술적인 지시 사항을 어떻게 활용하면 좋을지를 알기 위해 몇 가지 예시를 들기만 하겠다.

시작하기에 앞서 테니스에서 필수적인 외부 요소를 간단히 정리해보면 다음과 같다. 선수에게 요구되는 것은 단 두 가지뿐이다. 공을 네트 위로 넘기고 상대편 코트 안에 떨어뜨리기만 하면 된다. 모든 테니스 스트로크 기술은 이 두 가지 요구 사항의 충족을 목적으로 한다. 꾸준함과 정확성을 겸비하며 상대 선수에게 최대한 어려운 공을 주면서 말이다. 포핸드와 백핸드 스트로크의 역학dynamics에 대해 몇 가지만 살펴보면, 공식적으로 통용되는 기술이 지난 수년에 걸쳐 상당히 변화했음을 알 수 있을 것이다. 즉, 정설로 받아들여지던 방법이 더 이상 통용되지 않는다.

그라운드 스트로크

그립

열 명의 테니스 선수에게 포핸드 그립과 백핸드 그립이 왜 다른지를 묻는다면, 십중팔구는 아마도 그렇게 하라고 책이나 잡지에서 읽었거나 코치에게 배웠다고 대답할 것이다. 하지만 그들이 들은 내용이 '옳다' 하더라도, 그립을 바꾸는 게 왜 필요한지 경험을 통해 이해하지 못한다면 이들은 아마도 자신에게 가장 적합한 그립을 찾지 못할 가능성이 높다.

그립에 대한 정보는 엄청나게 많다. 그립을 바꾸는 주된 이유 중 하나는 스트로크마다 라켓과 손과의 결합력을 극대화하기 위해서다. 하지만 사람의 손 모양은 각자 조금씩 다르기 때문에 자신에게 가장 편안하면서 라켓을 잘 잡을 수 있도록 그립 위치를 조정할 필요가 있다.

라켓을 얼마나 세게 잡을지도 마찬가지다. 이를 말로 한번 설명해보려고 한다면 얼마나 어려운지 실감할 것이다. 시라노 드 베르주라크Cyrano de Bergerac는 펜싱에 관해 이렇게 말한 적이 있다. "검을 잡을 때는 손에 새를 쥐고 있다고 생각해야 합니다. 너무 느슨하게 잡으면 날아가고 너무 세게 잡으면 죽어 버릴 겁니다." 멋진 비유이긴 하지만 막상 실전에 적용하기란 쉽지 않다. 어느 정도의 힘을 주는 것이 가장 적합한지는 실제로 경험해보면서 가장 편안하면서도 잘 맞는 정도를 찾는 수밖에 없을 것이다.

　과거에 '권장'되던 그립이 어떻게 변화해 왔는지를 살펴본다면, 이스턴Eastern 포핸드 그립(라켓을 '악수하듯이' 잡을 때의 그립이다)이 가장 보편적으로 통용되어 왔다는 사실을 알 수 있을 것이다. 이는 미국테니스협회에서 발행되는 책자에서도 여전히 공인되는 그립이긴 하지만 실제 투어 선수 중에서는 '세미 웨스턴 semi- Western 그립'(오른손잡이의 경우 이스턴 그립에서 우측으로 1/4 정도 옮겨진 그립)을 더 선호하는 경우도 많다. 이 선수들은 어떻게 세미 웨스턴 그립을 선택하게 되었을까? 그리고 왜 이를 고집하는 걸까? 경험을 통해 발견하고, 효과가 입증되니 지속해서 사용하는 것이 아닐까? 그들은 정설이 틀렸다고 생각해서 이를 따르지 않은 것은 아니다. 다만 자신에게 좀 더 잘 맞는 그립을 발견했을 뿐이다.

풋워크

　풋워크는 테니스의 모든 스트로크에서 가장 중요한 요소 중 하나임이 틀림없다. 이는 공을 치기 위해 스윙을 할 때 몸의 움직임을 지지하는 기반이 된다. 풋워크에 대한 이론은 무수히 많지만, 이들을 그저 따라 하기만 한다면 발이 꼬이거나 어색한 자세가 나오기 쉽다.

코치들이 흔히 가르치는 백핸드 스트로크 풋워크는 지난 20년간 크게 변하지 않았다. 오른손잡이 선수의 경우에는 대개 다음과 같이 설명한다. "발을 편안하게 벌린 상태에서 약 45도의 각도로 발을 앞으로 내면서 공을 치세요. 두 발이 서로 너무 붙으면 균형을 잃게 됩니다. 뒷발에서 앞발로 체중을 옮기면서 공을 쳐야 합니다."

이러한 지침이 풋워크를 배울 때 유용한 내용이라고 한다면 어떻게 해야 이대로 시행할 수 있을까? 우선 이를 바로 똑같이 따라 하려고 해서는 안 된다. 첫 번째 단계는 자신의 풋워크를 자세히 관찰하는 것이다. 예를 들어 지침의 여러 내용 중 체중 이동과 같은 한 가지 항목을 특히 유심히 살펴볼 필요가 있다. 처음부터 의식적으로 바꾸려고 하지는 말고 현재 체중 이동이 어떻게 되고 있는지 보기만 하면 된다. 실제로 변화가 필요한 상황이라면 이렇게 주의 깊게 관찰하는 것만으로도 서서히 변화가 일어나기도 한다. 자아 2가 당신에게 가장 적합하다고 느껴지는 풋워크를 찾을 수 있도록 놔두면 된다.

적절한 각도를 찾을 때도 마찬가지다. 45도로 할 때 어떤 모습인지 한번 본 다음, 당신의 풋워크 각도를 주의 깊게 보면 된다. 원하는 각도와 약간 차이가 있더라도 군이 억지로 맞추려 할 필요는 없다. 자아 2가 편안하게 느끼면서 원하는 각도에 근접할 수 있도록 놔두자. 당신의 요구에 맞게 실행하는 것은 자아 2의 몫이다. 때로는 자아 2가 당신에게 가장 맞는다고 판단한 부분이 지시 사항과 일치하지 않을 수도 있다. 포핸드 스트로크 시의 풋워크가 아마도 그러한 경우에 해당될 것이다.

백핸드와 달리 포핸드 스트로크에서 정설로 간주되어온 풋워크는 지난 20년간 급격한 변화를 겪었다. 이 책의 초판이 출간될 당시에는 포핸드와 백핸드에서의 풋워크를 비교했을 때 좌우 발만 바뀌지 각도는 45도로 동일했다. 내가 50년 전 테니스를 처음 배웠던 시절에도 마찬가지였다. 그 당시만 해도 검은색 고무 매트에 '올바른' 풋워크 스텝이 그려져 있었다. 러닝 포핸드를 하면서 배운 대로 풋워크를 구사하기 위해 매트에 그려진 모양에 맞춰 훈련했고, 그림을 보지 않고 잘 될 때까지 반복했다. 그리고 레슨 시간에는 정확한 풋워크를 재현하지 못할 때마다 코치의 잔소리를 들어야 했다.

하지만 오늘날에는 이와 다른 두 종류의 풋워크가 널리 통용된다. 그중 하나인 '오픈 스탠스 포핸드open stance forehand'는 클레이코트 선수들이 개발한 방식인데, 이들은 체중을 뒷발에서 앞발로 이동하지 않고 뒷발, 즉 오른발(이하 계속 오른손잡이로 가정할 때의 방향이다)에 고정한 상태로 공을 쳤다. 이들은 왼발을 앞으로 디디는 대신 베이스라인에 평행하게 수평으로 발을 놓아서 오른발이 거의 180도를 이루는 스탠스를 취한 다음, 그 상태에서 어깨와 골반을 틀고, 코르크 마개를 돌리듯이 공을 쳤다. 실제로 보면 말로 설명하는 것보다는 훨씬 간단한 이 오픈 스탠스 포핸드는 클레이코트에서 매우 효과적인 것으로 나타났고, 나중에는 하드코트나 잔디코트에서도 많은 선수가 선택했다. 이는 톱스핀을 걸기가 쉽고, 코트 중앙으로 좀 더 빨리 돌아올 수 있는 장점이 있었다. 이러한 풋워크의 진화는 흥미롭지 않을 수 없는데, 왜냐하면 내가 이런 식으로 포핸드를 치다가 혼난 적이 부지기수였기 때문이다.

이 오픈 스탠스 포핸드 풋워크를 하면서 라켓을 휘두르는 동작까지 연결해 배운다고 해보자. 이때 풋워크와 스윙의 개별 요소들을 낱낱이 분해해서 이들을 각각 지침대로 익히고, 다시 모든 요소를 결합하려고 한다면 이는 아마도 매우 어려운 과정이 될 것이다. 하지만 세부사항에는 신경 쓰지 않은 채 숙련자의 시범을 잘 관찰하면서 이를 흉내 내려고 한다면 그다지 어렵게 느껴지지 않을지도 모른다. 이때 본인의 스윙을 판단하지 않는 것이 매우 중요하며, 전체적인 스윙에 대한 감을 잡을 때까지는 결과가 어떻게 되건 개의치 않아야 한다. 그때까지는 세부사항에 신경 쓰지 말고 저절로 교정되도록 놔둬야 한다. 이제 어느 정도 감을 잡았다고 생각된다면 골반이 어느 정도 돌아가는지 주의를 기울여 보고, 어깨의 회전이나 팔의 움직임도 관찰해보자. 이때에도 백핸드 시 발의 체중 이동에서 했던 것과 마찬가지다. 즉, 특정 패턴에 맞게 의식적으로 폼을 바꾸려 하지 말고 당신의 몸에 편안하다고 생각되는 감을 찾고, 이를 통해 효과적인 결과가 나올 수 있도록 내버려 둬야 한다.

오픈 스탠스 포핸드를 배웠다고 해서 모든 샷에 오픈 스탠스를 취해야 하는 것은 아니며, 오픈 스탠스 포핸드가 반드시 올바른 방법이라는 것도 아니다. 또 하나의 널리 통용되는 포핸드 테크닉은 세미 오픈 스탠스semi-open stance라 불리는데, 이는 두 다리와 베이스라인의 각도를 90~100도 정도로 두는 것이다. 이는 기존의 풋워크와 오픈 스탠스 포핸드의 절충형으로, 각각의 장점을 어느 정도 취합한 형태이다. 이를 익히면 세 가지 포핸드 풋워크를 모두 섭렵하게 되며, 상황에 맞게 선택할 수 있을 것이다. 이러한 선택은 코트에서 해야 한다. 미리 짜인 틀에 맞춰 스트로크를 하는 대신 자신에게 맞도록 틀을 짜서 원하는 기술을 개발하기 위해 활용해야 한다. 그렇게 하지 않으면 숨겨진 잠재력을 충분히 발휘하지 못하게 된다.

테니스 기술을 배울 때 기술에 관한 지시 사항 없이 단순히 주의를 기울이기만 하더라도 어떤 부분에 집중해야 할지를 어렵지 않게 파악할 수 있으며, 그런 다음에는 경험을 통해 감을 잡으면 된다. 아래에는 그라운드 스트로크에서 중요한 핵심 사항을 몇 가지 기술했다. 당신이 테니스 잡지나 책에서 얻은 내용을 여기에 추가해도 된다.

그라운드 스트로크 체크 리스트

1. 백스윙

백스윙 시 라켓 헤드의 위치는 정확히 어디인가? 백스윙을 시작할 때 공은 어디에 있는가? 백스윙하는 동안 라켓 면에는 어떤 변화가 생기는가?

2. 임팩트

임팩트 시 공이 라켓의 어느 부분에 닿는지 느낄 수 있는가? 임팩트 시 체중은 어디에 실려 있는가? 임팩트 시 라켓 면의 각도는 어떻게 되는가? 라켓 면에서 공을 얼마 동안이나 느낄 수 있는가? 공에 어떤 종류의 스핀이 얼마나 전달되는지 어느 정도나 느낌이 오는가? 샷이 얼마나 제대로 맞았다고 느껴지는가? 임팩트 시 팔로 전달되는 진동은 어느 정도인가? 공이 몸에서 어느 정도 앞이나 뒤에 있을 때 임팩트가 이루어지는가?

3. 팔로우 스루

라켓이 멈추는 지점이 어디인가? 어느 방향인가? 임팩트 이후 라켓 면은 어떻게 되는가? 팔로우 스루를 할 때 주저하거나 걸리는 부분은 없는가?

준비 동작 및 임팩트 시 체중은 어디에 실려 있는가? 샷을 치는 순간 몸의 균형은 어떻게 되는가? 공에 다가가기 위해 스텝을 몇 번 밟는가? 스텝의 크기는? 코트에서 움직일 때 어떤 발소리가 나는가? 공이 다가오면 뒤로 물러서는가, 앞으로 다가가는가, 아니면 제 위치를 고수하는가? 공을 치는 순간 다리는 지면에 얼마나 잘 고정되어 있는가?

서브

테니스의 모든 스트로크 중에서 아마도 서브가 가장 복잡할 것이다. 두 팔을 모두 사용해야 하며, 공을 치는 팔의 경우 어깨와 팔꿈치, 손목에서 동시에 움직임이 일어난다. 서브의 동작은 너무나 복잡하기 때문에 자아 1이 이 과정을 분석해 하나하나 기억하는 것은 불가능하다. 하지만 자아 2가 서브 전체 과정과 각각의 요소에 집중하게 한다면 그다지 어려운 일도 아닐 것이다.

서브를 넣을 때 신경 써야 하는 점

일반적으로 서브를 연습할 때 특히 주의를 기울여야 하는 요소가 몇 가지 있다. 기본적인 목표는 언제나 동일하다. 즉, 네트를 넘겨서 상대편 코트 서비스라인 안쪽에 떨어져야 하며, 파워와 정확성, 일관성을 지녀야 하는 것이다. 이제 몇 가지 유념해야 할 사항을 점검해보자.

토스

- 토스는 얼마나 높게 해야 하나?
- 토스한 공이 정점에서 얼마나 떨어진 다음에 라켓에 닿는가?
- 앞발의 엄지발가락을 기준으로 했을 때 여기서 앞뒤, 좌우로 얼마나 떨어진 위치에서 토스하는가?

균형

- 서브하는 과정에서 균형을 잃는 느낌이 드는 순간이 있는가?
- 팔로우 스루 시 모멘텀은 어느 방향인가?
- 서브를 넣는 동안 체중은 어떻게 이동되는가?

리듬

- 서브의 리듬을 관찰해보자. "다, 다, 다", 즉 서브를 준비할 때 한 번, 라켓을 들면서 한 번, 공을 칠 때 한 번씩 "다" 소리를 내면서 박자를 맞춰보는 것이다. 감을 잡을 때까지 리듬을 느끼면서 들어보자.

라켓의 위치와 손목 스냅

- 공을 치려고 라켓을 앞으로 휘두르기 직전 라켓의 위치는 어디인가?
- 라켓이 공의 우측에서 나오는가 아니면 좌측에서 나오는가? 플랫으로 넣는가? 아니면 좌측에서 우측으로 넣는가? 사이드 스핀은 어느 정도인가?
- 임팩트 시 손목의 스냅은 어느 정도인가?
- 스윙의 어느 지점에서 릴리스가 시작되는가?

파워

서브에서 파워가 차지하는 비중이 무척 크기 때문에 선수들은 '지나치게 세게' 치려는 경향을 흔히 보이며, 그 과정에서 손목과 팔의 근육에 과도한 힘이 들어가게 된다. 이는 오히려 파워를 떨어뜨리는 결과를 초래하며, 손목과 팔꿈치의 릴리스가 더 어려워지게 된다. 재차 강조하지만 근육의 긴장도를 잘 관찰하면서, 경험을 통해 최상의 샷을 칠 수 있는 최적의 긴장도를 찾는 것이 중요하다.

코치는 당신의 현재 서브 단계에서 어떤 부분에 좀 더 집중해야 하는지 알려줄 수 있을 것이다. 이러한 코치의 조언을 바탕으로 직접 서브를 넣으면서 다양하게 경험해 본다면 자연스럽고 효과적인 방법으로 서브를 배울 수 있을 것이다.

우리는 모두 각자 자신의 서브를 익혀야 하며, 어떤 서브도 모두에게 최선일 수는 없다. 그러한 서브가 존재한다면 왜 훌륭한 서브를 지닌 프로 테니스 선수들이 모두 다른 서브를 구사하겠는가? 이 선수들은 모두 타인에게 서브를 배웠지만 점차 자신의 신체 상태와 경기 수준, 플레이 성향에 맞도록, 다시 말해 본인에게 가장 잘 맞도록 서브를 진화시킨 것이다. 그리고 그러한 과정은 여전히 진행 중이다. 대부분의 선수는 이러한 변화가 상대 선수나 코치의 도움에서 비롯되었다고 말하겠지만, 실제로는 본인들이 서브를 넣으면서 감이 좋고 가장 잘 맞는 방향으로 점차 발전시킨 면이 더 많을 것이다.

다른 테니스 스트로크와 마찬가지로 정석으로 여겨지는 서브 방식 역시 틀을 깨려는 프로 선수들의 도전을 받기 마련이다. 나는 50년 전 당시 최고의 코치 중 한 명이었던 존 가디너 John Gardiner에게 서브를 배웠다. 두 팔을 올바른 방향으로 리듬에 맞게 움직이기 위해서 우리는 다음과 같은 주문을 외우곤 했다. '같이 내리고, 같이 올리고, 공을 때리고!' 먼저 토스하는 팔과 라켓을 든 팔을 동시에 내린 다음, 토스하기 위해 팔을 올리면서 라켓을 든 팔도 같이 올렸다가 등 뒤로 내려서 임팩트 순간을 위한 자세를 취한다. 이는 마치 미식축구에서 쿼터백이 전진 패스를 하기 위해 팔을 뒤로 젖히는 것과 비슷하다. 그러고는 토스된 공의 높이에 맞춰 라켓을 든 팔이 앞으로 나아가며 임팩트 시에는 완전히 펴진 상태에서 공을 맞히게 된다. 마지막으로 라켓이 두 발을 지날 때까지 팔로우 스루를 하고 나면 서브가 완성된다.

이는 50년간 변함없이 지속된 진리였다.

하지만 서브에 관해 내용을 쓰고 있는 바로 지금, 이달의 〈테니스Tennis〉 잡지에는 당대 최고의 서브를 구사하는 슈테피 그라프, 토드 마틴, 피트 샘프러스, 마크 필리포우시스, 고란 이바니세비치의 경우 실제로 '두 팔을 동시에 올리고 동시에 내리는' 서브 동작을 따르지 않는다는 내용의 기사가 실려 있었다. 기존의 '올바른' 서브 방식의 관점에서 보면 이 선수들은 하나같이 '잘못된' 서브를 넣는 셈이었다.

기사의 제목은 '서브를 넣을 때 시간차를 두고 두 팔을 움직여라'였고, 토스하는 팔을 완전히 펴서 토스할 때 라켓을 든 팔은 코트 바닥을 향하고 있어야 한다는 것이 저자의 주장이었다. 그는 이들 프로 선수들처럼 서브를 넣고 싶다면 다음과 같이 하라고 했다. '토스하는 팔을 올릴 때 라켓을 든 팔을 뒤로 내려라.'

> 기존의 '동시에 올리는' 방식은 좀 더 리듬감 있게 보이지만 실제로 일부 선수에서는 파워를 감소시키는 결과를 낳는다. 이는 라켓을 든 팔이 백스윙의 정점에서 멈추면서 모멘텀이 감소하기 때문이다.

프로 선수들의 서브 동작을 보면 서로 매우 다르다는 것을 쉽게 알 수 있다. 기사는 다음과 같이 이어진다.

무엇보다도 라켓을 든 팔의 '손바닥이 아래로' 향한 자세에 주목하라. 즉, 공을 토스하는 순간, 라켓을 든 팔의 손바닥이 땅을 향하고 있다. 이러한 자세는 '올가미 효과'(라켓을 머리 위로 재빨리 올리고 등에서 한 바퀴 원을 그린 다음, 공을 낚아채듯이 치는 방법)를 유발하기 때문에 좋은 서브를 넣기 위한 필수 조건이다.

위의 내용을 인용한 데에는 두 가지 이유가 있다. 첫째, 진리는 변한다는 사실을 보여주고 싶었다. 기존 교리의 테두리를 벗어나 새로운 시도를 할 수 있는 용기와, 자신의 학습 과정에 대한 신뢰를 지닌 사람들에 의해 변하는 것이다. 둘째, 변화를 추구하는 방식 자체도 변해야 한다는 점을 상기시키기 위해서였다.

나는 두 팔을 시간차를 두고 움직이라는 기사 내용을 읽은 후 몇 가지 의문이 떠올랐다. 내가 과연 '올가미 효과'나 '라켓을 든 손바닥이 땅을 향한다'는 의미를 제대로 이해하고 있는 걸까? 이를 실제로 이해한다 하더라도 그대로 시행할 수 있을까? 수년 동안 연습해 온 '오래된' 서브 폼을 버릴 수 있을까? 그리고 프로 선수들에게 통하는 이러한 서브 방식이 과연 내게도 적용될 수 있는 최선의 방식일까?

어떻게 해야 이처럼 근거에 입각해 서브에 대해 새로운 관점을 제시하는 기사를 제대로 활용할 수 있을까? 우선 변화를 시도하고자 하는 이유가 명확해야 한다. 몇몇 최고 수준의 프로 선수들이 이제는 다른 방식으로 서브를 넣는다거나, 이러한 서브 방식이 현재 유행하기 시작했다는 등의 이유는 충분하지 못하다. 하지만 만약 새로운 서브 방식이 당신의 서브 파워를 향상시킬 수 있을지도 모른다는 생각이 든다면 한 번쯤 시도해 볼 가치가 있을 것이다. 어떤 결과를 원하는지를 인지하는 이 첫 번째 단계는 학습 과정을 스스로 컨트롤하는 데 매우 중요하다.

새로운 방식으로 서브를 넣는 사람들을 보거나 이에 대한 기사를 읽고 나서 이 방법이 당신에게 반드시 '적합'할 것이라는 결론을 내리면 곤란하다. 자아 2가 흥미를 느끼는 부분이 있는지 지켜보기만 하자. 아마도 자아 1이 몇 가지 공식을 제시하면서 이를 따르도록 지시할 텐데, 이는 그냥 무시해야 한다. 새로운 서브를 주의 깊게 관찰하다 보면 몇 가지 사항이 '눈에 들어오거나', 자연스럽게 주의를 끌게 될 것이다. 그러면 자아 2가 관심이 가는 부분을 시도하도록 내버려 두면 된다.

프로 선수의 플레이를 보는 방법

나는 어렸을 때 터치 풋볼(미식축구의 일종으로 태클 대신 터치를 한다 - 옮긴이)을 즐겨 하곤 했는데, 아버지와 함께 샌프란시스코

포티나이너스 경기를 보고 온 다음에는 경기력이 좀 더 향상된다는 사실을 알게 되었다. 경기를 관람하면서 프랭키 알버트의 패스 기술을 연구한 건 아니었지만 분명 얻은 것이 있었고, 직접 경기를 뛸 때 이전과 다른 플레이를 할 수 있었다. 아마도 많은 사람들이 이와 유사한 경험을 했을 것이다.

자신보다 실력이 뛰어난 선수들의 플레이를 보면서 많은 것을 배울 수 있지만, 어떻게 봐야 하는지도 중요하다. 가장 바람직한 방법은 프로 선수들과 똑같이 스윙해야 한다는 강박관념 없이 그냥 보는 것이다. 초보자에게 프로 선수들처럼 스윙하도록 요구하는 것은 아직 기지도 못하는 아기에게 걸으라고 하는 것과 마찬가지다. 프로 선수들의 플레이를 보면서 기술을 정립하려 하거나 이를 지나치게 똑같이 따라 하려는 시도는 자연적 학습 과정에 오히려 방해될 수 있다.

차라리 프로 선수들의 동작 중에서 가장 관심을 끄는 부분에 집중해 보자. 당신의 자아 2는 당신에게 가장 유용한 요소를 자동으로 골라내고, 불필요한 부분은 무시할 것이다. 새롭게 스윙을 할 때마다 어떤 느낌인지, 결과가 어떤지 잘 관찰하자. 자연적 학습 과정이 알아서 최상의 스트로크를 찾아가도록 놔둘 필요가 있다. 변화를 강요해서는 안 된다. 자아 2가 '부담 없이 즐기면서' 새로운 스트로크를 찾도록 놔둬야 한다. 그러한 과정에서 자아 2는 프로 선수들의 플레이를 관찰하면서 얻어낸 점들을 적용할 것이다.

나 자신의 경험이나 다른 사람들의 경험에 비추어 볼 때, 자아 2는 스트로크의 어떤 부분에, 언제 교정이 필요한지를 본능적으로 알고 있다. 프로 선수들의 플레이를 보면서 배우는 방법은 두 가지인데, 하나는 외부자적 입장에서 관찰만 하는 것이고, 또 하나는 코트에서 직접 공을 치면서 시험해 보는 것이다. 당신은 아마도 스트로크에 자신감이 생길 때까지 이 두 가지를 번갈아 시행하고자 할 것이다.

이너 게임의 접근 방식에서는 이렇게 외부에서 관찰하는 것 (또는 외부로부터의 지시를 기억하는 것)과 자신의 동작에 완전한 몰입하는 것 사이를 오가는 과정에서 최종 결정권은 본인의 내면에 존재한다. 하지만 이러한 과정에서 판단이 개입할 필요는 없다. 당신은 자신의 스트로크와 선수들의 스트로크가 분명 다르다고 느낄 것이다. 이러한 차이점을 파악하고, 지속해서 관찰하며, 자신의 동작을 느끼면서 결과를 확인하면 된다. 본인에게 가장 잘 맞는 스트로크의 감을 찾으려는 마음가짐으로 임하는 것이 바람직하다.

요약하자면, 자신에게 가장 잘 맞는 스트로크를 찾은 사람은 당신이 최적의 스트로크를 찾는 데에도 분명 도움을 줄 수 있을 것이다. 하지만 누군가 스트로크에 관해 언급한 내용을 당신의 기준에 맞춰서 옳거나 그르다고 판단하는 것은 위험한 일이다. 자아 1은 라켓이 언제, 어디에 있어야 하는지 기술하는 공식을 지나치게 선호하는 경향이 있다. 책에 써진 대로 시행하면서 통제하는 느낌을 좋아하는 것이다. 하지만 자아 2는 스트로크를 하나의 전체적인 흐름으로 받아들이길 선호한다. 이너 게임은 당신의 타고난 자아 2 학습 과정과 지속적으로 관계를 유지하도록 격려하면서 당신의 스트로크를 외부의 모델에 맞추려고 지나치게 노력하지 않게 하는 것이다. 배우는 과정에서 외부의 모델을 이용할 수는 있지만, 이러한 모델에 좌지우지되어서는 안 된다. 자연적 학습은 내면에서 비롯되는 것이지 결코 외부에서 들어오는 것이 아니다. 당신이 바로 학습자이며, 당신의 학습을 궁극적으로 관할하는 것은 개개인의 내부적 학습 과정인 것이다.

이러한 접근 방식은 현재 유행하고 있는 외부 모델에 나 자신이나 내 수강생들을 맞춰야 할 필요가 없다는 점에서도 다행스럽다. 나 자신의 최상의 스트로크를 위해 한 걸음씩 더 진화하는 과정에서 외부 모델을 사용하기만 하면 된다. 이너 게임 테니스 수업을 들은 골프 선수는 이렇게 말했다. "내가 생각하는 최고의 스윙은 매일매일 바뀌는 것 같아요. 좀 더 배울수록 기존의 모델이 파괴되고 다시 만들어지는 거죠. 내 기술은 항상 진화합니다." 자아 2는 기회가 닿을 때마다 진화하는 성향이 있다. 당신의 기술이 진화할수록 좀 더 빠르게 새로운 기술을 배울 수 있으며, 단기간 내에 많은 변화를 가져오게 된다. 자아 2의 학습 능력을 발견하는 순간, 테니스 스트로크가 향상될 뿐만 아니라, 어떠한 것이든 배울 수 있는 학습 능력 또한 커질 것이다.

아래의 표에는 스트로크에 대해 코치나 테니스 잡지, 책에서 얻을 수 있는 기술적 지시 사항을 어떻게 인지적 지시 사항으로 바꿀 수 있는지 나타내고 있다. 이들 인지적 지시 사항은 당신의 기술이 최적화되도록 도와줄 것이다. 우리는 자아 2가 충분히 시도를 거쳐 원하는 형태의 스트로크를 갖출 때까지 아래의 사항에 유념하면서 공을 쳐야 한다. 코치가 있다면 레슨을 받되 자아 2가 중심이 되도록 해야 한다. 왜냐하면, 이 자아 2야말로 당신이 지닌 가장 훌륭한 자원이기 때문이다.

스트로크	기술적 지시 사항	인지적 지시 사항
그라운드 스트로크	어깨높이까지 팔로우 스루를 한다.	팔로우 스루의 높이를 어깨와 비교해 파악한다.
	백스윙을 미리 한다.	공이 바닥에 맞고 튈 때 라켓의 위치를 관찰한다.
	공에 집중한다.	10번 정도 샷을 구사하면서 무릎이 어느 정도 구부러져 있는지 느껴본다.
	공 위치보다 아래로 라켓을 가져가 톱스핀을 넣는다.	임팩트 시 라켓의 위치를 파악한다. 공이 라켓에 닿는 것을 느끼며, 톱스핀이 어느 정도 생성되는지를 파악한다.
	공을 라켓의 중심에 맞힌다.	공이 라켓 면에 닿는 순간을 (눈으로 보지 말고) 느껴라.
	그라운드 스트로크를 할 때 뒷발을 안정적으로 고정한다.	그라운드 스트로크 준비 자세에서 뒷발에 체중이 어느 정도 실리는지를 파악한다.

스트로크	기술적 지시 사항	인지적 지시 사항
발리	공을 몸보다 앞에서 친다.	몸의 어느 위치에서 공과 라켓이 만나는지를 파악한다.
	상대 코트 깊숙이 발리한다.	발리를 한 공이 베이스라인에서 어느 정도 거리에 떨어지는지를 파악한다.
	백스윙하지 않고 펀치하듯이 공을 친다.	백스윙을 어느 정도 하는가? 얼마나 줄일 수 있겠는가? 공을 펀치 하기에 가장 적합한 백스윙은 어느 정도인가?
	가능하다면 네트 높이 아래로 공이 떨어지기 전에 치도록 한다.	공과 네트 상단 간의 거리에 주목한다. 이 거리가 얼마나 달라지는지를 파악한다.
서브	팔을 최대로 편 상태에서 공을 친다.	임팩트 시 팔꿈치가 어느 정도 구부러져 있는지를 파악한다.
	앞발보다 15cm 앞쪽에서 토스하되 팔과 라켓을 최대로 폈을 때의 높이까지 공을 올린다.	토스 높이를 관찰한다. 토스한 공을 그대로 놔두면서 공이 떨어진 위치와 앞발과의 거리를 파악한다.

제6장

습관 바꾸기

앞장에서의 논의를 통해 이제 자신의 스트로크에 어떤 변화를 가져오는 것이 좋을지에 대해 어느 정도 감을 잡았을 것이다. 이번 장에서는 이너 게임 방식을 통해 이러한 변화가 몸에 자연스럽게 배도록 하는 것이 목적이다. 우리는 주위에서 수많은 조언을 듣는다. 이 중에는 정말로 도움이 되는 것도 있고, 그렇지 못한 것도 있을 것이다. 이러한 조언을 실전에 적용해서 습관을 바꾸도록 해야 하는데, 이는 절대 쉽지 않다. 대다수의 선수들은 습관을 바꾸기가 가장 어렵다고 호소한다. 습관을 어떻게 바꾸는지를 배운다면 어떤 습관을 바꿀지는 비교적 간단한 문제가 된다. 어떻게 배우는지를 알고 나면 어떤 것이 배울 가치가 있는지 찾기만 하면 되는 것이다.

지금부터는 새로운 학습 방법에 대해 요약해서 설명할 것이다. 사실 이것은 전혀 새로운 방법이 아니다. 오히려 가장 오래되고 가장 자연스러운 방법이다. 간단히 말해, 우리가 지금까지 사용해왔던 부자연스러운 학습 방법을 잊어버리기만 하면 된다. 어떻게 어린아이는 외국어를 쉽게 배울 수 있는가? 이는 아마도 누구에게 배운 것이 아닌 타고난, 자연스러운 학습 과정을 통해서일 것이다. 바로 이러한 어린아이의 학습 방식으로의 회귀가 이너 게임 방식이 지향하는 것이다.

여기서 '학습'이라는 말은 정보의 수집을 의미하는 것이 아니라 행동 변화의 주체를 인지한다는 뜻이다. 이 행동은 테니스 스트로크와 같은 외부적 행동일 수도 있고, 사고 패턴과 같은 내부적 행동일 수도 있다. 우리는 누구나 자신만의 독특한 사고 및 행동 패턴을 지닌다. 그리고 이러한 패턴에는 나름의 목적이 있다. 좀 더 나은 방법을 통해 목적을 달성할 수 있게 되면 변화의 순간이 오는 것이다. 포핸드 스트로크 후에 라켓 면을 돌리는 습관을 예로 들어보자. 이러한 행동은 공이 멀리 나가지 않게 하려고 취하는 방법이고, 원하는 결과를 얻기 위해 사람들은 이 행동을 고집한다. 하지만 톱스핀을 적절하게 사용하면 공이 코트 밖으로 나가지 않을 뿐만 아니라, 라켓 면을 돌리면서 팔로우 스루를 할 때 동반될 수 있는 범실 가능성도 줄어든다. 이러한 사실을 깨닫게 되는 순간, 오랫동안 지속되어 온 습관을 자연스럽게 버릴 수 있다.

대체할 수 있는 뾰족한 방법이 없는 상황에서는 습관을 포기하기가 더욱 어렵다. 옳은 것을 선택해야 한다는 도덕적 기준을 적용하면 난관에 봉착하는 경우가 흔하다. 어떤 선수가 테니스 책에서 라켓 면을 돌리는 것이 잘못되었다는 내용을 읽었다고 하자. 하지만 공을 코트 밖으로 보내지 않기 위한 대안이 존재하지 않는 상황에서 라켓 면을 수직으로 유지하기란 엄청난 의지력을 필요로 하는 일이다. 연습이 아닌 실전 경기에서는 어떻게 될까? 공이 나가지 않도록 하기 위해 안전하게 치는 방식으로 되돌아갈 것이 자명하다.

현재의 행동 패턴(여기서는 불완전한 스트로크)을 '잘못된 것'이라고 비난하는 것은 전혀 도움이 되지 않는다. 이러한 패턴이 어떤 목적을 지닌 행동인지를 파악하는 것이 중요하다. 그래야 이 목적을 달성하기 위한 보다 개선된 방법을 찾을 수 있기 때문이다. 우리는 아무런 목적이 없는 행동을 반복하지는 않는다. 하지만 '나쁜 습관'을 가졌다고 자신을 비난하기만 한다면, 이들 행동 패턴이 어떤 기능을 하고 있는지 파악하기가 어렵게 된다. 습관을 억제하거나 교정하려는 노력을 중단하는 순간, 이 습관이 어떤 역할을 수행했는지가 눈에 들어온다. 그렇게 되면 보다 바람직한 방법으로 이 역할을 수행할 수 있는 행동 패턴을 자연스럽게 발견할 수 있을 것이다.

습관의 홈 이론

우리는 테니스 스트로크에 관해 이야기할 때 '홈을 판다'라는 말을 흔히 한다. 이것은 결코 어려운 이론이 아니다. 당신이 같은 폼으로 라켓을 휘두르면, 스윙하면 할수록 같은 폼으로 이를 반복할 가능성이 높아진다는 말이다. 이러한 방식을 통해 '홈groove'이라 불리는 패턴이 반복을 통해 더욱 강화된다. 이는 골프에서도 사용되는 용어다. 우리 몸의 신경계를 마치 레코드 판에 비유한 것이다. 어떠한 행동을 하면 뇌세포에 미세한 흔적이 남는다. 마치 모래사장에 떨어진 나뭇잎이 흔적을 남기듯이 말이다. 같은 행동을 몇 차례 반복하면 홈은 더욱 깊어지고, '행동'

이라는 바늘이 이 홈에 자동으로 놓이게 된다. 이제 이 행동은 '홈이 파인' 상태가 되는 것이다.

이들 행동 패턴은 특정한 기능을 수행하고 있기 때문에, 강화 또는 보상을 통해 지속되는 경향이 있다. 신경계에 새겨진 홈이 깊을수록 습관을 바꾸기는 어려워진다. 테니스를 하는 사람이면 누구나 한 번쯤은 '다시는 이렇게 치지 않을 거야'라고 생각한 적이 있을 것이다. 예를 들어, 공을 주시하는 것이 갖는 자명한 이점을 이해하는 사람에게는, 그렇게 하는 것이 간단한 일처럼 보일 것이다. 하지만 우리는 계속해서 공에서 눈을 떼곤 한다. 실제로 습관을 버리려고 노력하면 할수록 오히려 습관을 버리기가 더욱 힘들어지기도 하는 것이다.

라켓 면이 돌아가는 습관을 교정하려는 선수의 모습을 생각해보자. 그는 아마도 이를 악물고, 모든 의지력을 총동원해서 오랜 습관의 홈에서 벗어나려고 할 것이다. 그의 라켓은 어떻게 될까? 공이 라켓에 닿는 순간, 아마도 라켓 면은 예전의 패턴을 따라 돌아가려고 할 것이다. 이때 그의 근육이 수축하면서 다시 플랫 상태로 되돌리기 위해 안간힘을 쓴다. 예전의 습관이 멈추고, 새로운 의지력이 장악하는 순간은 선수의 팔이 멈칫거리는 모습에서 관찰할 수 있다. 이 습관과의 전쟁에서 승리를 쟁취할 수도 있다. 하지만 이는 대개 무수한 투쟁과 절망의 순간을 거치고 나서야 비로소 가능하다.

마음에 깊게 새겨진 홈에서 벗어나기 위해 투쟁하는 과정은 고통의 연속이다. 구덩이에 빠진 상태에서 땅을 파내면서 나오는 것과 마찬가지인 것이다. 하지만 보다 자연스러운, 아이들이 하는 것과 같은 방법도 있다. 아이들은 구덩이에서 나오기 위해 땅을 파지 않는다. 그저 새로운 구덩이를 다시 팔 뿐이다. 예전의 구덩이는 그대로 남아 있겠지만, 당신이 자신을 거기에 가두지 않는 한 의미가 없는 구덩이다. 나쁜 습관의 지배를 받는다고 생각하면 이 습관을 버리기 위해 노력할 것이다. 아이는 기어 다니던 습관을 버리지 않는다. 습관을 지니고 있다는 생각 자체를 하지 않기 때문이다. 걷는다는 것이 돌아다니기에 좀 더 편한 방식이란 사실을 깨달으면 기어 다니던 습관은 그대로 둔 채 새로운 습관으로 옮겨갈 뿐이다.

습관은 과거에 대한 기술이며, 과거는 이미 지나간 일이다. 당신의 신경계에는 깊숙이 홈이 파여 있어서 여기에 발을 디디면 포핸드를 칠 때마다 라켓 면을 돌리게 될지도 모른다. 하지만 당신의 근육은 라켓을 플랫으로 스윙할 수 있는 능력이 충분하다. 라켓 면을 수직 상태로 유지하기 위해 팔 전체에 힘을 꽉 줄 필요는 없다. 실제로 라켓 면을 돌리는 것에 비해 수직 상태로 유지하는 것이 힘이 덜 든다. 의식적으로 이전의 습관을 버리려다 보니 불필요하게 긴장하는 것이다.

요약하자면 이전의 습관을 굳이 버릴 필요는 없다. 새로운 습관을 들이면 된다. 오래된 습관에 저항하기는 쉽지 않은 일이다. 아이와 같이 천진난만한 마음가짐으로 새로운 패턴을 시작해보

자. 실제로 해봐야 알 수 있을 것이다.

단계별 스트로크 향상법

이제 이너 게임 방식의 학습 방법과 기존의 학습 방법 간의 차이점을 요약해 보자. 한번 직접 경험해보면 당신의 게임에서 어떤 변화를 유도하기 위해 현실적으로 실행 가능한 방법을 찾을 수 있을 것이다.

1단계: 판단하지 않고 관찰하기

어디서부터 시작하고 싶은가? 게임을 할 때 어떤 부분을 먼저 고치고 싶은가? 제일 약한 샷을 가장 먼저 바꿔야 할 필요는 없다. 가장 바꾸고 싶은 샷을 고르면 된다. 변화할 준비가 된 것을 바꾸고자 할 때 무리 없이 자연스럽게 진행될 수 있다.

먼저 주의를 기울여야 할 대상을 서브라고 가정해보자. 맨 처음 해야 할 일은 당신의 서브에서 문제점이라고 생각되는 부분을 모두 잊어버리는 것이다. 이전의 기억은 모두 지워버리자. 그리고 무의식적으로 서브를 한번 넣어보자. 완전히 새로운 시선으로 당신의 서브를 있는 그대로 바라보자. 좋건 나쁘건 간에 새로운 홈을 새기는 것이다. 흥미를 가지고 온몸으로 경험해보자. 이제 서브를 준비하는 과정에서 어떻게 서 있는지, 체중은 어디에 실려 있는지 주목해보자. 어떤 그립을 쥐고 있는지, 라켓의 초기 위치는 어디인지 확인하자. 하지만 아직 교정할 단계는 아니다. 단지 지켜보기만 하면 된다.

다음으로 서브 동작에서 리듬을 느껴보자. 먼저 스윙을 할 때 라켓이 어떤 궤적을 따라 움직이는지를 느껴보고, 그런 다음 서브를 몇 차례 넣으면서 이번에는 손목의 움직임만을 주시하자. 손목이 느슨한가, 아니면 뻣뻣한가? 손목의 스냅이 완전히 이루어지는가, 아니면 약간 부족한가? 단지 지켜보기만 하자. 다시 몇 차례 서브를 넣으면서 토스에 주목해보자. 매번 같은 위치로 공이 올라가는가? 그렇다면 그 위치는 어디인가? 마지막으로 팔로우 스루를 살펴보자. 이제 머지않아 당신의 서브에는 새로운 홈이 패일 것이고, 당신은 이 서브에 대해 잘 알고 있다는 생각이 들 것이다. 물론 서브의 결과가 어땠는지도 알게 될 것이다. 네트에 걸린 게 몇 개인지, 들어간 서브의 속도나 정확성은 얼마나 되는지. 판단을 배제한 채로 현 상태를 인식해야 긴장이 풀리며, 이는 변화를 위해 가장 필요한 전제조건이다.

이러한 관찰 기간에도 의도와는 상관없이 일부 변화가 일어나기도 한다. 그런 경우라면 변화를 그대로 받아들여라. 무의식적인 변화는 전혀 문제될 게 없다. 당신이 변화의 주체여야 한다고 생각할 필요가 없고, 어떻게 변화를 이끌어냈는지를 상기해야 할 필요도 없는 것이다.

5분 정도 자신의 서브를 주의 깊게 관찰하고 느껴본다면 어느 부분에 집중해야 할지 감이 잡힐 것이다. 서브를 넣으면서 자연스럽게 변화하도록 해보자. 보다 자연스러운 리듬, 더욱 강력한 파워, 아니면 더 많은 스핀? 서브의 90%가 네트에 걸린다면 어디부터 손봐야 할지는 자명해진다. 어떤 경우이건 간에 가장 변화가 필요하다고 생각되는 부분을 찾아보고, 서브를 몇 차례 더 관찰해보자.

2단계: 원하는 결과를 그려보기

당신의 서브에서 가장 원하는 것이 파워 증진이라고 가정해보자. 다음 단계는 더욱 강력한 서브를 넣는 모습을 그려보는 것이다. 강력한 서브를 지닌 선수의 동작을 지켜보는 것도 한 가지 방법이다. 지나치게 분석하려고 할 필요는 없다. 보이는 그대로 받아들이고, 그 선수가 어떤 느낌으로 서브를 넣을지 한번 느껴보자. 공이 라켓에 닿을 때의 소리를 들어보고, 결과가 어떻게 되는지 지켜보자. 그러고는 당신이 평소의 폼 그대로 자연스럽게, 하지만 더욱 강력한 서브를 넣는 모습을 상상해본다. 마음의 눈을 뜨고 서브를 넣는 모습을 가능한 한 구체적으로 그려보고, 온몸으로 느껴보자. 임팩트 시의 소리도 들어보고, 상태 코트를 향해 날아가는 공의 속도도 가늠해보자.

3단계: 자아 2를 신뢰하기

이제 다시 한번 서브를 넣는다. 폼을 교정하려고 해서는 안 된다. 특히 더 강하게 넣으려는 생각은 금물이다. 그냥 자연스럽게 서브를 넣으면 된다. 좀 더 강력한 파워가 나오는지 한번 시도해 보자. 이건 마술이 아니다. 온몸으로 가능성을 타진해 봐야 하는 것이다. 결과가 어떻게 나오건 자아 1이 개입하지 않도록 한다. 즉각적으로 파워가 더 실리지 않는다 하더라도 억지로 해서는 안 된다. 이러한 과정을 신뢰하면서 자연스럽게 시도해야 한다.

어느 정도 시간이 지나간 후에도 파워가 증가하지 않는다면 1단계로 다시 돌아가도록 하자. 속도를 억제하는 요인이 무엇일지 한번 자문해 보자. 답이 떠오르지 않는다면 코치에게 조언을 구할 수도 있다. 스윙의 정점에서 손목 스냅이 최대로 나오지 않는다는 말을 들었다고 해보자. 코치는 아마도 당신이 라켓을 너무 꽉 잡고 있어서 유연성이 떨어지기 때문이라고 할지도 모른다. 라켓을 지나치게 세게 잡고 뻣뻣한 손목으로 스윙하는 것은 공을 세게 치려고 의식적으로 신경 쓰기 때문에 나오는 행동일 수도 있다.

라켓을 쥐는 힘을 다양하게 바꾸면서 라켓을 잡는 걸 느껴보자. 손목을 완전히 젖혔다가 끝까지 구부리는 것이 어떤 느낌인지 알아보자. 남에게 들은 것을 정말로 안다고 생각해서는 곤란하다. 본인이 직접 손목의 움직임을 느껴봐야 한다. 확신이 서지 않는다면 코치에게 묻지 말고 직접 보여달라고 하자. 그런 다음 마음속으로 서브 동작을 상상해 본다. 이번에는 손목을 완전히 젖힌 상태에서 하늘을 향해 팔을 쭉 뻗은 다음, 스냅을 주면서 끝까지 팔로우 스루를 하는 것이다. 이렇게 새로운 손목 동작에 대한 확고한 이미지를 가진 다음에 다시 서브를 넣는다. 의식적으로 손목에 스냅을 주려고 하면 지나치게 힘이 들어갈 가능성이 높다. 그냥 자연스럽게 해보자. 손목을 부드럽게 유지하면서 스냅이 최대한 나오도록 놔두자. 격려는 하되 강요해서는 안 된다. 힘들게 노력하지 않는다는 말이 힘을 주지 않고 흐느적거린다는 뜻은 아니다. 이것이 무슨 말인지는 직접 해보면서 파악해보라.

4단계: 변화와 결과를 비판 없이 관찰하기

자연스럽게 서브를 넣으면서 당신이 해야 할 일은 주의 깊게 관찰하는 것이다. 폼을 교정하려 하지 말고 서브 넣는 과정을 지켜보자. 개입하고 싶더라도 참아야 한다. 자연적 과정이 작용하고 있는 상태를 신뢰한다면, 과도하게 노력하고, 판단하고, 생각하는 통상적인 개입 패턴에서 벗어나면서 좌절할 가능성도 줄어들 것이다.

이러한 과정에서 서브를 넣은 공이 어디로 향하는지 신경 쓰지 않는 것이 중요하다. 스트로크의 여러 구성 요소 중에서 한 가지를 변화시키려 할 때는 다른 부분도 영향을 받는다. 손목의 스냅을 증가시키려 하면 리듬과 타이밍이 달라지는 것이다. 그 때문에 처음에는 오히려 서브의 일관성이 깨질 수 있다. 하지만 이러한 과정을 지속하되 주의를 기울이면서 인내심을 가지고 지켜본다면, 서브의 다른 요소들도 필요한 만큼 알아서 조정될 것이다.

서브 파워에는 손목만 관여하는 것이 아니다. 그러므로 손목 스냅이 어느 정도 완성되고 나면 토스나 밸런스와 같은 다른 요소로 관심을 돌리게 된다. 이들 요소도 주의 깊게 관찰하면서 스스로 변화하도록 놔두자. 완전히 '홈이 패였다'라고 확신할 때까지 계속해서 서브를 넣는다. 이러한 '홈'을 확인하기 위해서는 공에만 집중한 상태에서 서브를 몇 개 넣어 본다. 공을 공중으로 토스하면서 솔기만 쳐다보도록 하자. 그래야 몸을 어떻게 움직여야 할지 신경 쓰지 않을 수 있게 된다. 서브가 새로운 방식으로 들어간다면 새로운 '홈'을 따라 서브를 구사하기 시작했다는 뜻이다.

통상적 학습법

1단계: 과거의 행동에 대해 비판 또는 판단하기

예: 오늘도 여전히 포핸드가 말썽이군. 젠장, 왜 이렇게 쉬운 공을 실수하는 걸까? 지난 레슨 때 코치가 말한 걸 하나도 제대로 하지 못하고 있어. 랠리는 잘했었는데, 이제는 할머니보다 못 치네.

(위의 독백은 대개 자신을 비하하고 자책하는 어조로 이루어진다).

2단계: 변화를 요구하면서 계속해서 말로 지시하기

예: 라켓을 낮게, 낮게, 낮게 유지해야지. 공은 몸 앞에서, 앞에서, 앞에서 쳐야지. 아니야, 젠장, 더 앞에서! 손목을 움직이면 안 돼, 끝까지 고정해야 해. 이런 어리석은 녀석, 또 그러네. 토스는 높게, 팔은 쭉 뻗고, 손목 스냅 잊지 말고, 서브 중간에 그립을 바꾸면 안 돼. 이번에는 크로스코트로 넣자.

3단계: 제대로 할 때까지 무조건 노력하기

예: 이 단계에서 자아 1은 지시를 통해 자아 2의 행동을 통제하려고 한다. 몸과 얼굴 근육의 불필요한 수축이 동반된다. 긴장하면서 스트로크를 부드럽게 구사하지 못하며 정확도도 떨어진다. 자아 2를 신뢰하지 못한다.

4단계: 결과를 비판적인 시각으로 판단하면서 자아 1은 악순환에 빠짐

예: 어떤 동작을 '올바르게' 시행하려고 지나치게 노력하는 경우, 실패로 인한 좌절감이나 성공해야 한다는 불안감에서 벗어나기 힘들다. 이러한 감정은 집중력을 떨어뜨리고 그 동작을 온전하게 경험하지 못하게 만든다. 결과에 대한 부정적인 판단은 더욱더 노력하게 만들고, 긍정적인 판단은 다음번에도 동일한 샷을 강요한다. 부정적인 생각과 긍정적인 생각 모두가 자율성을 억제하는 것이다.

이너 게임 방식으로 배우기

1단계: 현재 동작을 판단 없이 관찰하기

예: 마지막 세 번의 백핸드 스트로크는 베이스라인에서 3cm 정도 벗어났다. 팔로우 스루를 끝까지 하지 못하고 주저하게 된다. 백스윙 시 라켓 위치를 한번 확인해야 할지도 모르겠다. 허리보다 훨씬 높네. 좋아, 이번엔 타이밍이 맞았고, 코트 안에 떨어졌군.

(위의 독백은 관심이 있으면서도 어느 정도 거리를 두는 듯한 어조로 이루어진다.)

2단계: 원하는 결과를 그려보기

명령을 하지 않는다. 자아 2가 원하는 방식으로 원하는 결과를 얻도록 한다. 자아 2에게 시각적 이미지를 보여주고, 바람직한 스트로크의 느낌이 어떤 것인지 경험하도록 한다. 크로스코트로 공을 보내고자 한다면, 목표 지점까지의 경로를 상상하기만 하면 된다. 지나간 실수를 바로잡으려 하지 말아라.

3단계: 그냥 놔두기! 자아 2를 신뢰하기

어떤 동작을 수행하려 할 때는 몸이 알아서 자유롭게 할 수 있도록 한다. 신뢰하면서 몸이 움직이는 대로 놔둬야지 머릿속으로 통제하려 해서는 안 된다. 서브는 하다 보면 자연스럽게 될 것이다. 자아 2가 먼저 시도하겠지만 자아 1의 의식적인 노력은 용납되지 않는다. 자연스럽게 되도록 놔두는 것은 힘을 주지 않고 흐느적거리는 것이 아니다. 이는 자아 2가 꼭 필요한 근육만을 사용하도록 하는 것이다. 어떤 것도 강압적으로 해서는 안 된다. 이러한 과정을 지속하면서 자아 2가 변화를 유발하도록 한다. 그러다 보면 자연스럽게 '홈'이 생성될 것이다.

4단계: 결과를 판단하지 않고 차분하게 관찰하며, 이를 통해 지속 적으로 배우기

선수는 본인의 목표를 인지하고 있지만 이를 달성하기 위해 감정적으로 될 필요는 없다. 다만 차분하게 결과를 지켜보고 과정 자체를 경험할 수 있어야 한다. 그렇게 함으로써 집중할 수 있고, 학습 속도도 더욱 빨라진다. 주어진 이미지와 다른 결과가 나오는 경우에만 새로운 변화가 필요하다. 그렇지 않다면 변화 중인 행동을 지속적으로 지켜보는 것으로 충분하다. 바꾸려 하지 말고, 변화하는 모습을 관찰하라.

이러한 과정은 사실 매우 단순하다. 여기서 중요한 점은 경험한다는 것이다. 이성을 앞세워 판단하려 들면 안 된다. 스스로 어떤 것을 시도하되 의식적으로 노력하지 않으면서 자연스럽게 변화할 수 있도록 하자. 이는 대다수의 사람에게는 놀라운 경험일 수 있다. 그 결과는 두고 보면 알게 될 것이다.

이러한 학습 방식은 코트 안에서뿐만 아니라 코트 밖에서도 적용될 수 있다. 테니스 코트에서 의식적인 통제 없이 공을 칠수록, 신체라는 놀랍도록 아름다운 메커니즘에 대해 더욱 확신을 가지게 될 것이다. 그리고 당신의 신뢰가 두터워질수록 당신의 몸은 더욱더 놀라운 능력을 발휘할 수 있다.

자아 1의 재등장에 주의하기

여기서 언급해야 할 한 가지 함정이 있다. 나의 수강생들은 자연스럽게 변화를 추구하는 과정을 통해 향상된 테니스 실력에 전율을 느끼긴 하지만, 다음 날이 되면 다시 평상시와 마찬가지로 과도하게 노력하는 모습으로 되돌아간다. 더욱 놀라운 점은 전날에 비해 형편없어진 테니스 실력에도 불구하고 개의치 않는 모습을 보인다는 것이다. 도무지 이해되지 않았다. 효과가 분명히 떨어짐에도 불구하고 다시 자아 1의 통제를 받는 상태로 돌아가는 이유는 무엇일까? 해답을 찾아야 했다. 나는 이 두 가지 상이한 방법으로 공을 칠 때 얻을 수 있는 만족감이 다르다는 사실을 알게 되었다. 공을 정확하게 치려고 노력을 하고 이것이 성공했을 때에는 일종의 '자아 만족'에 이르게 된다. 당신이 결정권을 쥐고 있으며 상황을 통제하고 있다고 느끼는 것이다. 하지만 의식적인 노력 없이 몸이 알아서 서브하도록 하는 경우에는 비록 성공한다 하더라도 '내 덕분'이라는 생각이 들지 않는다.

'당신'이 공을 쳤다는 느낌이 들지 않는 것이다. 물론 당신의 신체 능력에 대해 만족할 수는 있고 결과에 놀라움을 금치 못할 수도 있지만, 이는 '개인적 성취감'과는 다른 만족감이다. 어떤 선수의 주된 목표가 코트에서 자아의 욕구를 만족시키는 것이라면, 그는 결과가 조금 안 좋다 하더라도 자아 1에 주도권을 맡길 가능성이 높다.

자아 2의 역할을 인정하기

'마음을 비우는' 것의 의미를 경험을 통해 깨닫고 자아 2에 주도권을 주는 선수는 더욱 정확하고 강력한 샷을 구사할 뿐만 아니라 빠르게 움직이는 상황에서도 긴장을 풀고 편안하게 즐길 수 있게 된다. 하지만 이러한 상태를 재현하고 싶은 마음에 '이제야 게임의 비결을 알겠군. 이제 긴장을 풀기만 하면 되겠어'라고 생각하면 자아 1이 다시 소환되기도 한다. 긴장을 풀려고 '노력'하는 순간, 진정한 의미의 '이완'은 사라지고 '긴장을 풀기 위한 노력'이라는 이상한 현상이 그 자리를 대신한다. '이완'이라는 것은 가만히 놔둘 때 가능한 것이지 결코 '노력'이나 '의도'로 얻을 수 있는 것이 아니기 때문이다.

자아 1이 단번에 통제력을 상실하리라 기대하기는 무리일 것이다. 하지만 이완된 집중이라는 경지에 도달하기 위해 한 걸음씩 나아간다면 자아 1도 서서히 제 위치를 찾아갈 것이다.

제 7 장

몰입: 집중하는 방법 배우기

우리는 지금까지 자아 1의 지배에서 벗어나 자아 2가 자발적으로 경기를 하도록 하는 것에 관해 이야기했다. 자신에 대한 판단과 지나치게 많은 생각, 그리고 과도한 노력은 모두 과잉 통제의 일종이며, 이를 배제하는 것이 얼마나 중요한 것인지에 대한 실례를 드는 데 중점을 두었다. 하지만 자아 1을 조용히 시키는 것의 중요성을 인식하고 있다 하더라도 이를 실제로 시행하기는 결코 쉽지 않다. 지난 수년간의 경험에서 볼 때, 자아 1의 목소리를 잠재우기 위해 이를 억압하거나 논쟁을 벌이거나 비판해서는 곤란하다. 마음과 싸우는 것은 해결책이 아니다. 가장 좋은 방법은 집중하는 법을 배우는 것이다. 이는 이번 장의 주제이기도 하며, 어느 정도 수준까지 배울 수 있건 간에 우리가 행하는 거의 모든 일에 도움이 될 것이다.

평온한 마음 상태가 주는 이점을 경험해 본 사람이라 하더라도 이러한 마음 상태를 지속하기란 쉽지 않다. 자아 2가 주도권을 쥐도록 할 때 가장 효과적인 업무 수행이 가능하긴 하지만, 내가 도대체 어떻게 했는지를 생각하거나 공식을 만들려고 하기도 하며, 자아 1의 영역으로 데려가 자아 1의 통제를 받도록 하려는 충동이 반복되기도 한다. 이러한 충동은 자아 1이 신뢰를 얻고, 자신의 모습이 아닌 다른 모습을 보이려 하고, 지각과 반응을 왜곡하는 잡념을 끊임없이 생산하는 데에서 비롯되는 것으로 보인다.

이너 게임을 연구하던 초창기에 의식적인 노력을 거의 하지 않으면서도 일관성과 파워를 겸비한 서브를 넣던 시기가 있었다. 그 2주 동안 첫 서브 성공률은 90%였고, 더블 폴트는 단 하나도 없었다. 그러던 어느 날, 내 룸메이트였던 프로 선수가 도전장을 내밀었다. 나는 도전을 수락하며 농담 반 진담 반으로 말했다. "조심하는 게 좋을 거야. 서브의 비결을 알아냈거든." 다음 날 우리는 시합을 했고, 나는 첫 게임에서 두 개의 더블 폴트를 범했다! '비결'을 적용하려고 노력한 순간, 자아 1이 다시 돌아왔다. 이번에는 '놔두려고 노력하는' 모습으로 위장한 상태였다. 자아 1은 내 룸메이트에게 과시하고 인정받고자 했다. 나는 곧 사태를 파악했지만, 자발적이고 자연스럽게 구사했던 서브는 한동안 예전과 같은 모습으로 돌아오지 않았다.

한마디로 말해 자아 1과 자아 1의 방해 활동을 사라지도록 하는 것은 쉬운 일이 아니다. 문제의 본질을 명확히 이해하는 것도 도움은 되지만 구체적인 시범을 보이는 것이 더 유용할 것이다. 그리고 실제로 놔두려고 연습해 보는 것이 가장 바람직하다. 하지만 나는 놔둔다는 수동적인 과정만으로 마음을 통제할 수 있다고 생각하지는 않는다. 생각을 멈추게 하려면 어딘가 다른 곳에 두어야 한다. 그냥 없어질 수는 없다. 집중이 필요한 것이다. 마음이 평온한 상태에서 최고의 경기력이 나온다면 무엇에, 그리고 어떻게 집중할 것인지가 관건이 된다.

집중하면 마음이 평온해진다. 마음이 현재에만 머물면 차분해지는 것이다. 마음을 바로 이곳, 그리고 이 순간에 머물도록 하는 것이 바로 집중이다. 이완된 집중이 최고의 경지라 할 수 있는데, 이완된 집중 없이는 어떤 기술도 터득할 수 없으며, 이를 갖추었을 때는 많은 기술을 연마할 수 있게 된다. 이완된 집중을 터득하지 못하면 테니스를 치면서 본인의 최대치에 결코 도달하지 못할 것이다. 더욱 놀라운 사실은 테니스가 마음을 집중하는 방법을 계발하기에 매우 훌륭한 도구라는 점이다. 테니스를 치면서 집중하는 법을 익힌다면, 인생의 다른 영역에서도 수행력을 높일 수 있는 기술을 지니게 된다.

이러한 기술을 배우기 위해서는 연습이 필요하다. 잠을 자는 시간을 제외한다면 언제, 어떤 상황에서도 연습이 가능하다. 테니스에서 가장 편리하면서도 실질적인 집중의 대상은 공이다. 아마도 테니스를 치면서 가장 반복적으로 듣게 되는 말은 "공을 보세요"일 것이다. 하지만 이를 제대로 시행하는 선수는 그리 많지 않다. 이는 사실 "집중하세요"라는 말과 같다. 이번 샷이 얼마나 쉽거나 어려울지, 라켓을 어떻게 휘둘러야 할지, 샷이 성공하거나 실패하면 남들이 어떻게 볼지에 대해 생각하라는 뜻은 아니다. 마음이 집중한 상태에서는 수중에 놓인 과제를 수행하는 데 필요한 부분만을 고려하게 된다. 그 외의 생각이나 외부에서 일어나는 일 등으로 주의가 산만해지지 않는다. 이곳, 그리고 이 순간에 일어나는 상황에 몰두하는 것이다.

공을 지켜보기

공을 지켜본다는 것은 공의 모습에 집중한다는 뜻이다. 보는 것에 더욱 집중하기 위한 가장 효과적인 방법은 쉽게 눈에 띄지 않는 세밀한 부분에 집중하는 것이다. 공을 쳐다보는 것은 어려운 일이 아니다. 하지만 공이 회전하면서 공의 솔기에 의해 생성되는 패턴을 파악하는 것은 결코 쉬운 일이 아니다. 솔기를 관찰하는 것은 흥미로운 결과를 초래한다. 얼마 지나지 않아 선수는 공을 단순히 '지켜보는' 것이 아니라 공을 훨씬 더 잘 볼 수 있게 된다. 솔기에 의해 만들어지는 패턴을 관찰함으로써 라켓에 맞는 순간까지 지속적으로 공을 주시할 수 있으며, 이전보다 더 빨리 집중하게 된다. 공은 상대의 라켓을 떠난 직후부터 당신의 라켓에 맞을 때까지 지켜봐야 한다(공이 더 크게 보이거나 느리게 보이기도 한다. 이는 완전히 몰입한 상태에서 나타날 수 있는 자연스러운 현상이다).

솔기에 집중함으로써 얻을 수 있는 것은 공을 잘 보는 것만이 아니다. 회전하는 공에 의해 생성되는 패턴은 정말로 섬세하기 때문에 온 정신을 여기에 쏟을 수밖에 없다. 즉, 패턴을 관찰하는 데 마음을 빼앗긴 나머지 '지나치게 노력'할 겨를이 없어지는 것이다. 솔기에 사로잡힌 마음은 신체의 자연스러운 움직임을 방해하지 않게 된다. 게다가 솔기를 보는 것은 언제나 현재의 일이다. 즉, 솔기에 집중함으로써 과거나 미래에 대한 생각으로 방황하지 않고 더욱더 집중한 상태에 도달할 수 있게 된다.

솔기 보기 훈련을 시행하는 선수 대부분은 즉각적인 효과를 얻는다. 하지만 시간이 지나면서 그들의 마음은 다시 방황하게 된다. 우리의 마음은 오랫동안 한 가지에 집중하기 어렵다. 이는 인정할 수밖에 없는 사실이다. 테니스공 자체에 정말로 흥미를 느끼는 사람도 있을 수 있다. 하지만 테니스공만 바라보며 주위의 온갖 유혹에 잠시도 마음을 빼앗기지 않기란 쉽지 않을 것이다.

바운스-힛Bounce-Hit

그렇다면 어떻게 해야 더 오랫동안 집중을 유지할 수 있을까? 가장 좋은 방법은 공에 흥미를 느끼는 것이다. 그렇다면 어떻게 해야 흥미가 생길까? 지금까지 당신이 보아 온 공은 아마도 수만 개는 족히 될 것이다. 하지만 그러한 사실은 이제 잊어야 한다. 공에 대해 아무것도 모른다고 생각해야 하는 것이다. 대상에 대한 무지야말로 집중을 유도하는 강력한 도구가 될 수 있다.

공이 언제 바닥에 맞은 다음(바운스) 당신의 라켓이나 상대의 라켓에 맞을지는(힛) 정말 모르는 일이다. 그래서 내가 개발한 가장 간단하면서도 효과적인 방법이 바로 '바운스-힛'이다.

이 방법은 사실 매우 간단하다. "공이 코트에 닿을 때 큰 소리로 '바운스'라고 외친 다음 라켓에 맞는 순간 '힛'이라고 하세요." 이렇게 말을 입 밖으로 내뱉으면 말을 하는 시점과 실제로 공이 바닥에 맞고, 라켓에 맞는 시점이 일치하는지를 확인할 수 있게 된다. 수강생은 "바운스, 힛! 바운스, 힛! 바운스, 힛! 바운스, 힛!"이라고 말하면서 공이 머무르는 4개의 가장 중요한 지점(상대 코트, 상대 라켓, 내 코트, 내 라켓)에 집중할 수 있을 뿐만 아니라, 리듬과 박자를 통해 더욱 오랫동안 집중력을 유지할 수 있게 된다.

이는 다른 방법을 통해 집중하는 경우와 같은 상태다. 공에 대한 피드백이 개선되기도 하지만 동시에 다른 상념에 빠지지 않게 된다. '바운스-힛'이라고 말하면서 동시에 자신에게 지나치게 많은 지시를 내리거나, 과도하게 노력하거나, 점수를 걱정할 마음의 여유는 없기 때문이다.

나는 풋워크와 간단한 스트로크만 배운 초보자가 베이스라인에서 15분 내지 20분 동안 랠리를 주고받는 모습을 보기도 한다. 이때 이 선수의 자아 1은 바운스-힛을 반복하느라 여념이 없다. 이러한 연습 방식은 오히려 상급자에게 적용하기가 어렵다. 그들은 공을 잘 치고자 하는 마음에 지나치게 많은 생각을 하기 때문이다. 이들이 마음을 비우고 바운스-힛에만 집중하면 대개 매우 놀라면서 심지어 약간 창피해하기도 한다. 그동안 그들의 게임에서 주된 역할을 해 온 자아 1이 없어도 자아 2가 얼마나 잘 해내는지 알게 되기 때문이다.

공에 대한 관심을 유지하는 가장 손쉬운 방법은 공을 고정된 물체가 아닌 움직이는 물체로 인식하는 것이다. 솔기를 바라보는 것은 대상 자체에 집중하는 데 도움이 된다. 하지만 공 하나하나가 당신을 향해 날아왔다가 라켓에 맞고 다시 날아가는 모습을 인식하는 것 또한 이에 못지않게 중요하다. 나는 포인트마다 내가 친 공과 상대방이 친 공이 어떤 궤적을 그리며 날아가는지 유심히 지켜본다. 그리고 이런 과정을 상당히 즐긴다. 공이 네트 위를 지날 때의 높이를 파악하고, 속도를 가늠해 보며, 특히 바닥에 맞고 튀어 오를 때의 각도를 주의 깊게 살핀다. 또한 라켓에 맞는 순간 공이 올라가고 있었는지, 떨어지고 있었는지, 아니면 정점에 있었는지도 유심히 관찰한다. 내가 친 공의 궤적에도 똑같이 주의를 기울인다. 이를 통해 포인트마다 주고받는 샷의 리듬을 더욱 잘 인지하게 되며, 공에 대한 예측력 또한 좋아진다. 눈과 귀를 통해 얻어지는 이러한 리듬이야말로 나의 마음을 집중하게 만들고 다른 생각에 빠지지 않은 채로 오랫동안 집중을 유지할 수 있는 비결이다.

집중은 뚫어지게 쳐다본다고 해서 할 수 있는 것이 아니다. 강요하거나 고민한다고 해서 얻을 수 있는 것도 아니다. 관심이 생기면 자연스럽게 집중하게 된다. 그렇게 되면 관심의 대상에 어쩔 수 없이 마음이 끌릴 수밖에 없다. 특별히 노력하지 않아도 되고, 마음이 편안한 상태이며, 긴장이나 통제를 필요로 하지 않는다. 테니스공을 보면서 집중 상태에 빠져들어 보자. 눈에 힘이 들어가면 지나치게 노력하는 것이다. 집중하지 못한다고 해서 자신을 책망한다면 과도하게 통제하는 것일 수 있다. 공이 당신의 마음을 끌도록 해보자. 그러면 몸과 마음의 긴장이 풀리고, 편안한 상태가 유지될 것이다.

공의 소리 듣기

선수가 공의 소리를 듣는 경우는 흔치 않다. 하지만 이는 정말로 가치 있는 일이다. 공은 라켓에 맞는 순간 특유의 소리를 내며, 이는 '스윗 스팟'과의 거리, 라켓 면의 각도, 체중 이동, 그리고 임팩트 시의 공의 위치에 따라 다양하다. 공 하나하나의 소리에 귀를 기울이다 보면, 서로 다른 성질을 지닌 여러 종류의 소리를 구분할 수 있다. 즉, 라켓 중심에 맞은 오버스핀 포핸드 스트로크의 소리와 약간 빗맞은 언더스핀 포핸드 스트로크의 소리를 구별할 수 있게 된다. 또한 플랫 포핸드의 소리와 라켓 면이 열린 상태로 친 공의 소리도 구별할 수 있을 것이다.

언젠가 공의 소리에 주의를 기울이면서 서브를 연습하자 평소보다 서브가 더 잘 들어갔다. 임팩트 시 흔히 들리던 소리와 다른 경쾌한 타격음이 들렸다. 이 소리와 함께 공은 더 빠르고 정확하게 날아갔다. 서브가 잘 들어간 사실을 깨닫고 나자 무엇 때문인지 궁금했지만 굳이 원인을 밝히려 하지는 않았다. 단지 이 '경쾌한 타격음'을 계속 들을 수 있도록 몸을 움직였다. 그러자 놀랍게도 나의 몸은 계속해서 이 소리를 재현해 낼 수 있었다.

나는 이 경험을 통해 특정 소리를 기억하는 것이 우리 뇌에 내재된 컴퓨터에 효과적인 입력 신호가 될 수 있음을 깨달았다. 포핸드 스트로크를 칠 때 나는 소리에 귀를 기울이면 '정타'를 쳤을 때 나는 소리를 기억하게 된다. 그러면 우리 몸은 이러한 소리를 내는 데 필요한 동작을 반복한다. 이러한 기술은 여러 종류의 서브를 배울 때 특히 유용하다. 플랫과 슬라이스, 그리고 트위스트 서브를 넣을 때 나는 소리는 분명히 다르다. 서브의 회전량에 따라 어떤 소리가 나는지 주의 깊게 듣는다면, 세컨 서브를 구사할 때 원하는 만큼의 회전을 넣을 수 있을 것이다. 또한 발리를 할 때 나는 소리에 집중하면 라켓의 움직임뿐만 아니라 풋워크도 좋아질 수 있다. 공이 정확한 타이밍에 라켓 중심에 맞으면, 이때 들리는 소리는 뇌리에 각인되어 절대 잊히지 않을 것이다.

어떤 선수들은 솔기를 보는 것보다 공의 소리를 듣는 것이 집중하는 데 좀 더 효과적이라고 생각한다. 공의 소리를 듣는 것은 이전에 시행해 본 적이 없는 새로운 방법이기 때문이다. 하지만 소리를 듣는 것은 임팩트 시에만 필요하므로, 보고 듣는 두 가지 방법을 동시에 사용하는 것이 더욱 바람직하다.

공의 소리를 듣는 것은 연습 시간에 충분히 시행해 볼 수 있다. 연습을 통해 소리에 민감해지면, 시합할 때 정타를 반복해서 치기 위해 자신도 모르게 소리를 이용할 것이다. 그리고 이러한 습관을 통해 정타의 비율을 높일 수 있다.

느끼기

내가 12살 때 나의 코치는 내 복식 파트너를 가리켜 '라켓 헤드가 어디 있는지 정말 잘 안다'라고 말했다. 그 말의 의미를 정확히 파악한 것은 아니었지만 중요한 말이라는 사실이 직감적으로 다가왔기 때문에 잊지 않게 되었다. 본인이 들고 있는 라켓의 느낌에 집중하는 것이 얼마나 중요한 것인지를 깨달은 선수는 많지 않다. 공을 칠 때마다 명심해야 할 점이 두 가지 있다. 공이 어디 있는지, 그리고 라켓이 어디 있는지다. 대부분의 선수는 공의 위치에 집중하는 방법은 배우지만 라켓 헤드의 위치는 인지하지 못하는 경우가 많다. 라켓 헤드의 위치는 라켓이 몸의 뒤쪽에 있을 때 파악하는 것이 중요하며, 이는 감각에 집중해야만 가능하다.

포핸드 스트로크의 경우 손의 위치는 라켓의 중심에서 30cm 이상 떨어져 있다. 이는 손목의 각도가 약간만 변하더라도 라켓 중심의 위치는 많이 바뀔 수 있다는 뜻이다. 마찬가지로, 라켓 면의 각도가 조금만 변해도 공의 궤적은 상당히 많이 바뀔 수 있다. 예를 들어 라켓 면이 6mm 정도만 틀어져도, 베이스라인에서 친 공이 맞은편 베이스라인에 도달할 때까지의 거리를 고려하면 공은 1.8m 이상 더 멀리 날아간다. 따라서 일관성과 정확성을 지니기 위해서는 상상을 초월할 정도로 민감한 감각을 키울 수밖에 없다.

테니스 선수라면 자신의 몸을 대상으로 '민감도 훈련'을 시행하는 것이 도움이 될 수 있다. 가장 쉬운 방법은 연습하면서 몸에 주의를 기울이는 것이다. 사실 누군가가 당신에게 공을 던져주거나 매번 같은 위치로 공을 쳐 준다면 더욱 바람직하다. 자, 이제 공에는 상대적으로 덜 집중하면서 당신이 공을 치는 방식을 느껴보도록 하자. 백스윙할 때 라켓이 정확히 어디로 움직이는지 느끼기 위해서는 상당한 시간을 투자할 필요가 있다. 하지만 공을 맞히기 위해 앞으로 스윙을 하기 직전의 팔과 손의 느낌에 가장 집중해야 한다. 또한 라켓 손잡이를 쥘 때의 느낌에도 민감해질 필요가 있다. 그립을 잡을 때 어느 정도의 힘이 들어가는가?

근육의 느낌을 더욱 잘 인지하기 위한 방법은 여러 가지다. 우선 모든 스트로크를 슬로 모션으로 해 보자. 공을 치는 과정에서 움직이게 되는 우리 몸의 모든 부분에 주의를 기울이면서 느껴보자. 스트로크의 세세한 과정을 느끼면서 각 근육의 움직임 또한 느껴보자. 그런 다음, 평상시와 같은 스윙 속도로 공을 치면 특정 근육을 더욱 잘 느낄 수 있게 될 것이다. 내 경우를 예로 들면, 백핸드 스트로크를 정말로 제대로 쳤다고 생각될 때는 아래팔 근육이 아니라 어깨 근육으로 팔을 끌어당기는 기분이 든다. 이제 백핸드를 치기 전에 이 어깨 근육의 느낌을 기억하고 있으면 어깨에서부터 나오는 파워를 극대화할 수 있다. 근육의 느낌에 민감하게 되면서, 백스윙 시 라켓을 뒤로 높이 들던 경향이 감소했다.

리듬을 좀 더 잘 인지하는 것도 중요하다. 스트로크를 칠 때마다 리듬에 주의를 기울이는 것만으로도 파워와 타이밍을 현저하게 향상시킬 수 있다. 모든 선수는 자기 자신만의 리듬을 가지고 있다. 리듬에 집중하는 방법만 터득한다면 본인에게 가장 자연스럽고 효과적인 리듬으로 움직일 수 있을 것이다. 이는 결코 억지로 되는 일은 아니다. 자연스럽게 터득해야 한다. 하지만 집중을 통해 리듬에 대한 민감도를 높이는 것은 도움이 된다. 라켓의 움직임에 대한 감에 집중하는 법을 연습한 사람은 특별히 노력하지 않아도 스트로크에 여유가 생기며 스윙이 간결해진다. 급격한 움직임이나 불필요한 동작이 사라지며, 스트로크의 일관성과 파워가 좀 더 향상될 것이다.

공의 소리에 귀를 기울이는 것이 도움이 되듯이 임팩트 시 공의 느낌에 집중하는 연습도 유용할 것이다. 우리는 공이 라켓에 닿는 순간, 손으로 전달되는 진동을 느낄 수 있다. 이러한 진동은 접촉 지점과 체중의 이동, 라켓 면의 각도에 따라 달라지는데, 이는 미세하지만 결코 작지 않은 차이다. 정타를 친 다음에 손과 손목, 그리고 팔에서의 느낌을 가능한 한 정확하게 기억하는 것은 경기력 향상에 많은 도움이 된다. 이러한 느낌을 연습하면 '감'이 생기게 되고, 이는 특히 드롭샷이나 로브를 구사할 때 유용하다.

간단히 말해 당신의 몸을 인지해야 한다. 특정 자세를 취할 때, 그리고 라켓을 휘두를 때 어떤 느낌이 드는지를 알아야 한다. 여기서 꼭 기억해야 할 점이 있다. '어떻게 움직여야 하나'를 머릿속으로 생각하면 아무것도 느끼거나 볼 수 없게 될 것이다. '어떻게 해야 하는지'는 잊어버려라. 다만 현재 상태를 있는 그대로 받아들여라. 테니스에서 눈으로 봐야 하는 것은 한두 가지에 지나지 않지만 느껴야 할 대상은 훨씬 많다. 당신의 몸에 대한 감각 정보가 늘어날수록 기술 발전 속도 또한 배가될 것이다.

지금까지 인체의 오감 중에서 세 가지 감각을 키우는 방법과 이들 감각을 통해 들어오는 정보를 어떻게 하면 보다 더 잘 인지할 수 있는지에 대해 다루었다. 이를 테니스를 칠 때 해야 할 일과 해서는 안 되는 일을 정리한 목록에 집어넣고 암기할 필요는 없다. 다만 한 번에 하나씩 자신만의 리듬에 맞춰 연습하도록 하자.

내가 아는 한 미각과 후각은 테니스에서 그다지 중요한 역할을 하지 않는다. 이는 경기 후 식사 시간에 연습하면 되지 않을까 싶다.

집중의 이론

위에서 언급한 방식대로 연습하면 당신의 테니스 실력은 일취월장할 것이다. 하지만 한 가지 간과해서는 안 될 점이 있다. 집중은 테니스 실력 향상에 도움이 되지만, 반대로 테니스가 집중력을 향상시키기도 한다는 사실이다. 집중하는 방법을 터득하는 것은 모든 분야에 적용할 수 있는 마스터키를 가지는 것과 같다. 이제 관심이 생긴 사람들을 위해 집중의 이론적인 측면에 관해 간략하게 언급하겠다.

테니스를 치면서 우리가 경험하는 모든 것들은 우리의 '의식'을 통해 이루어진다. 보고, 듣고, 느끼고, 생각하는 것, 즉 '경험'하는 것은 의식이 있기에 가능하다. 의식이 없는 상태에서 어떤 것도 경험할 수 없다는 사실은 자명하다. 우리가 어떤 사물이나 사건에 대해 아는 것은 의식 덕분이다. 의식이 없다면 눈이 있어도 볼 수 없고, 귀가 있어도 들을 수 없으며, 정신이 있어도 생각할 수 없을 것이다. 사물을 볼 수 있게 해주는 전구와 마찬가지로, 의식은 우리에게 일어나는 모든 일을 알 수 있게 해주는 순수한 빛 에너지와 같다. 다른 빛을 비추는 '빛 중의 빛'과 같은 존재인 것이다.

의식은 우리 몸에서 오감과 정신이라는 제한적인 도구를 사용해 주위를 인지한다. 눈을 통해 보고, 귀를 통해 들으며, 정신을 통해 개념과 사실, 그리고 사상을 파악한다. 우리는 의식이라는 빛 에너지를 통해 우리에게 일어나는, 그리고 우리가 행하는 모든 일을 파악한다.

당신의 의식은 눈과 정신을 통해 지금 읽고 있는 이 문장의 단어를 인지할 수 있다. 하지만 주의를 기울여보면 사실 다른 일도 함께 일어나고 있다. 잠시 책장을 덮고 주위의 소리에 귀를 기울여보자. 그러면 분명 조금 전까지는 들리지 않았던 소리를 들을 수 있을 것이다. 이 소리는 아마도 이 책을 읽을 때도 나던 소리였을 것이다. 귀를 기울여 들으면 소리가 더 잘 들린다. 즉, 소리를 더 잘 인지하게 되는 것이다. 당신은 아마도 지금 혀에 어떤 느낌이 드는지 인지하지 못할 것이다. 하지만 앞의 문장을 읽고 나면 십중팔구 혀의 느낌을 자각하게 된다. 책을 읽거나 주변의 소리를 들을 때에는 혀의 느낌을 전혀 인지하지 못하지만, '혀'라는 단어를 언급하기만 해도 주의의 대상이 바뀐다. 우리의 마음은 주의를 집중할 수 있을 때 자연스럽게 그 대상을 찾아간다. 주의는 의식을 집중하는 것이고, 의식은 무언가를 알 수 있는 힘이다.

이렇게 비유해 볼 수 있다. 의식이 어두운 숲을 비추는 조명이라면, 정해진 반경 내의 숲을 볼 수 있을 것이다. 물체가 이 조명에 가까울수록, 더욱 많은 빛을 받아 세세한 부분까지 잘 보일 것이다. 반면 조명과 멀리 떨어진 물체는 희미하게 보인다. 하지만 만약 이 조명에 반사경을 달아 탐조등searchlight처럼 만든다면 빛은 한 방향으로만 나아간다. 이제 이 빛의 경로에 위치한 물체는 선명하게 잘 보이고, 이전에는 '어둠 속에 묻혔던' 수많은 물체가 식별할 수 있게 될 것이다. 이것이 바로 주의 집중의 힘이다. 하지만 탐조등 렌즈가 지저분하거나, 유리의 기포로 인해 빛이 회절diffraction되거나, 탐조등이 흔들린다면, 탐조등 빛은 분산

되고, 초점이 안 맞으면서 물체가 더 이상 선명하게 보이지 않을 것이다. 주의력 분산은 조명 렌즈의 먼지나 흔들리는 조명과 같아서 조명의 효과를 감소시킨다.

의식의 조명은 감각으로 느낄 수 있는 외부 대상이나 사고 또는 감정으로 인식할 수 있는 내부 대상에 집중될 수 있다. 주의력은 초점을 넓게 또는 좁게 맞출 수도 있다. 초점을 넓게 맞추는 것은 숲을 한 번에 최대한 많이 보기 위해서지만, 초점을 좁게 맞추는 것은 나뭇잎의 잎맥과 같은 구체적인 대상에 집중한다는 의미이다.

테니스 코트에서 말하는 현재의 시공간

이제 다시 테니스 코트로 돌아와 보자. 공의 솔기를 보는 것은 좁은 의미에서의 집중이며, 이는 긴장을 하거나 다른 대상에 주의력이 분산되는 것을 차단하는 데 효과적일 수 있다. 몸에 대한 감을 느끼는 것은 더욱 넓은 의미에서의 집중이며 테니스를 배울 때 도움이 될 수 있는 몇 가지 감각을 포함한다. 바람과 상대방의 움직임, 공의 궤적, 그리고 몸에 대한 감각을 포괄하는 것은 가장 광범위한 집중이며 사실 가장 현실적인 문제일 것이다. 대상의 폭이 넓긴 하지만 관련되지 않은 모든 것을 배제하면서 연관된 것들만 강조하기 때문에 이 역시 집중에 해당된다. 집중은 바로 여기에서 벌어지는 지금의 일이다. 현재의 시간과 현재의 공간에서 말이다. 이 장의 가장 앞부분에서는 집중의 대상이 되는 몇 가지 공간의 예를 들었다. 공을 쳐다보는 것보다는 솔기에 집중할 때 공간적인 측면에서 더 정확한 인지가 가능하다. 테니스를 구성하는 여러 요소(공의 소리에서 스트로크를 구성하는 각 요소에 대한 감까지)를 하나씩 인지하면서 더 다양한 지식을 쌓을 수도 있다.

하지만 과거나 미래가 아닌 현재 상태의 인지에 집중하는 법을 터득하는 것 또한 매우 중요하다. 이는 지금 벌어지는 일에 초점을 맞추자는 말이다. 앞으로 일어날 일이나 이미 지나가 버린 일을 생각하면 집중력이 떨어지기 마련이다. 우리는 '만약'이라는 단어에 쉽게 마음을 빼앗긴다. '만약 이 포인트를 잃으면 3-5로 뒤진 상태에서 서브를 받을 차례가 될 거야. 그럼 브레이크에 실패하면 첫 세트를 잃게 되고 아마도 시합에서 지겠지. 조지에게 졌다는 이야기를 들으면 마사는 뭐라고 말할까?' 조지에게 패했다는 소식을 접한 마사의 반응을 추측하느라 정신이 팔리는 것은 결코 드문 경우가 아닐 것이다. 이제 다시 현재로 돌아와 보자. 게임 스코어 3-4, 30-40인 상황에서 당신은 코트에 서 있다는 사실조차 거의 인식하지 못하고 있다. 그러는 사이, 현재의 순간에 집중해야 할 의식의 에너지는 아직 오지도 않은 미래를 상상하느라 새어나가고 있다.

이미 지나간 과거의 일에 마음을 빼앗기는 경우도 있다. '마지막 서브에서 선심이 아웃이라고 선언하지 않았다면 듀스가 되었을 거고 그럼 이렇게 망하지 않았을 텐데. 지난주에도 똑같은 상황에서 결국 패하고 말았지. 덕분에 자신감을 완전히 잃었는데 같은 일이 반복되다니 도대체 이유가 뭘까?' 테니스에서 한 가지 다행스러운 점은 당신이나 상대방이 곧 공을 칠 것이기 때문에 딴생각에 빠졌다 하더라도 다시 현재로 되돌아올 수 있다는 것이다. 하지만 우리의 에너지 중 일부는 과거나 미래에 두고 올 수밖에 없기에 현재 상황에 온전히 집중하기는 어렵다. 그렇게 되면 시야가 어두워지고, 공은 더욱 빠르고 작게 느껴지며, 테니스 코트가 줄어든 것처럼 생각될 것이다.

　그렇다면 어떻게 해야 마음을 현재에 붙잡아 둘 수 있을까? 오직 연습이다. 다른 왕도가 없다. 마음이 다른 곳으로 빠져나가려는 순간 다시 다잡아야 한다. 나는 볼 머신의 속도를 다양하게 설정해 사용하곤 했다. 그러면서 수강생들이 현재에 더욱 집중하는 것이 어떤 것인지 경험할 수 있도록 간단한 훈련을 시행했다. 즉, 네트 앞에서 발리 자세를 잡게 하고 최고 속도의 75%로 공을 보냈다. 편안하던 수강생들의 마음에 갑작스럽게 경각심이 높아졌다. 그들은 처음에는 공이 너무 빠르다고 느꼈지만 이내 적응했다. 볼 머신의 속도를 조금씩 높이자 집중력 또한 향상되었다. 수강생들이 최고 속도의 공을 칠 수 있을 정도의 반응을 보이고, 집중력 또한 정점에 도달한 걸로 판단되자 나는 볼 머신을 코트 중앙으로 옮겼다. 베이스라인에 있을 때보다 5m 정도 더 가까워진 것이다. 순간 밀려오는 공포로 인해 집중력을 잃는 선수도 있었다. 아래팔 근육에 힘이 좀 더 들어가면서 움직임의 민첩성이나 정확성이 감소했다. "팔에 힘을 빼세요. 마음을 편안하게 하시고요. 현재 상황을 받아들이면서 공의 솔기에 집중하는 겁니다. 그리고 어떻게 되나 지켜봅시다." 그들은 이내 다시 공을 몸의 앞에서, 라켓 중심에 정확히 맞힐 수 있게 되었다. 만족감에 미소 짓는 사람은 없었다. 매 순간 몰입할 뿐이었다. 훈련이 끝나고 나서 일부 수강생들은 공의 속도가 줄어든 것처럼 느꼈다고 했다. 생각할 시간도 없이 어떻게 공을 칠 수 있었는지 의아해하는 사람도 있었다. 현재라는 상태 속으로 들어온 사람은 누구나 마음이 평온해지고, 일종의 황홀감을 느끼게 되기 때문에 이를 반복하고 싶어 한다.

각성도가 높아진 상태에서 시행한 발리가 어떤 결과를 낳는지는 자명하다. 대부분의 발리는 너무 뒤에서 맞거나 라켓 중심에 맞지 않기 때문에 실패한다. 현재에 대한 인식이 증가하면 공의 위치를 파악하기가 좀 더 용이해지고, 원하는 순간에 라켓에 맞히기 위해 신속하게 반응할 수 있다. 어떤 사람은 네트 앞에 있을 때 강하게 날아오는 공을 리턴할 정도로 빠르게 움직이지 못한다고 생각한다. 하지만 시간은 언제나 상대적인 개념이며, 이를 늦추는 것은 얼마든지 가능하다. 1초에는 1000밀리세컨드가 존재한다. 이는 정말 많은 수다. 각성은 주어진 기간 동안 얼마나 깨어있는지를 측정하는 것이다. 결과는 간단하다. 당신이 현재에 집중하는 방법을 터득한다면 지금 일어나고 있는 일들을 더욱 잘 인지할 수 있을 것이다.

이렇게 현재에 집중하는 법을 연습한 다음, 나는 서브 리턴 패턴을 바꿀 수 있었다. 항상 베이스라인에 서서 하던 서브 리턴을 서비스라인 바로 뒤에서 할 수 있게 된 것이다. 집중을 유지한 상태에서 긴장을 풀면 아무리 상대의 서브가 빠르다 하더라도 이를 '늦춰서' 볼 수 있었고, 바닥에 맞는 순간 바로 반응해 공을 칠 수 있었다. 백스윙하거나 어디서 공을 맞혀야 할지 생각할 겨를은 없었다. 차분하게 집중한 상태에서 즉각적인 반응을 통해 공을 맞히고 팔로우 스루를 해서 공을 어느 방향으로 얼마나 깊숙하게 보낼지를 결정했다. 그렇게 하자 서브를 넣은 상대보다 더 빨리 네트를 점령할 수 있었다!

서비스라인에 서 있는 내 모습에 상대는 모욕감을 느낄지도 모른다. 본때를 보여주겠다는 마음에 평소보다 더 많은 더블 폴트를 범할 수도 있다. 그리고 서브를 제대로 넣더라도 이제 베이스라인과 서비스라인 사이에서 발리 패싱 샷을 시도해야 하는 궁지에 몰리게 된다.

하지만 정말로 빠른 서브를 구사하는 선수를 상대로는 이러한 전략이 불가능하지 않냐고 생각할지도 모른다. 정당한 의구심이지만 틀렸다. 수개월 동안 이런 방식의 서브 리턴을 시도한 결과, 실전에서도 유용하게 사용할 수 있다는 결론을 내렸다. 시도 횟수가 많아질수록 더 빠르고 정확하게 반응할 수 있었다. 집중하면 시간이 느려지는 것처럼 느껴지기 때문에 공을 보고 위치를 파악하는 데 문제가 없었다. 서브를 라이징 볼로 처리했기 때문에 높게 튀어 오르거나 옆으로 휘어져 나가는 서브를 넣는 게 무의미해졌다. 게다가 서브를 넣는 상대보다 먼저 네트에 다가갈 수 있었기에 경기의 주도권을 장악할 수 있었다.

시합 중에 집중하기

지금까지 언급한 집중력 향상을 위한 방법 대부분은 연습을 할 때 시행해 볼 수 있다. 경기 중에는 당신에게 가장 잘 맞는 한 가지 방법을 선택해 이를 고수하는 것이 바람직하다. 예를 들어 공의 솔기에 집중하는 것이 현재 가장 효과적인 방법이라면 소리나 감각에 굳이 집중할 필요는 없다. 시합한다는 사실만으로도 집중력이 증가하기도 한다. 한 포인트를 결정짓기 위해 랠리를 하는 동안에는 현재 눈앞에 벌어지는 상황만을 인식하며 완전히 집중한 상태가 될 때도 있다. 사실 포인트와 포인트 사이의 시간이 가장 중요하다. 랠리의 마지막 샷이 끝남과 동시에 공에 집중하고 있던 상태가 종료되면서 여러 가지 다른 생각이 들 수 있다. 현재 점수나 백핸드 범실이 생각나기도 하고, 사업이나 아이들, 심지어 저녁 식사 메뉴에 관한 생각이 문득 떠오르기도 한다. 이러한 생각이 현재에 쏟아부어야 할 당신의 에너지를 축낸다. 그러면서 다음 포인트가 시작될 때에는 다시 이전처럼 집중한 상태로 돌아가기가 어려워진다.

그렇다면 어떻게 해야 포인트 사이의 시간 동안 집중력을 유지할 수 있을까? 내 개인적인 경험과 여러 수강생을 지도한 결과를 종합해 볼 때 가장 효과적인 방법은 호흡에 집중하는 것이다. 집중력을 유지하기 위해서는 현재 상태에 계속 존재하는 물체나 항상 지속되는 활동이 필요하다. 호흡만큼 현재에 충실한 활동이 또 있을까? 호흡에 집중한다는 말은 평상시의 리듬에 맞춰 숨을 들이마시고 내쉬고, 다시 들이마시고 내쉬는 과정을 주의 깊게 관찰한다는 뜻이다. 이는 의도적으로 호흡을 조절한다는 의미는 결코 아니다.

호흡은 진정 경이로운 현상이다. 불수의적으로, 즉 의도와는 무관하게 일어나는 것이다. 깨어 있을 때나 잠을 잘 때도 호흡은 지속된다. 호흡을 잠시 멈추려고 아무리 노력하더라도 얼마 지나지 않아 실패하고 만다. 즉, 호흡에 집중하는 것은 우리 몸의 생명 에너지와 밀접하게 연관된 대상에 집중하는 것이다. 또한 호흡은 지극히 원초적인 리듬을 지닌다. 인간은 호흡하면서 우주의 리듬을 재현한다는 말도 있다. 호흡의 리듬에 주의를 기울이다 보면, 우리의 마음은 평온해지고, 몰입의 상태에 이르게 된다. 불안이란 앞으로 일어날지도 모르는 일에 대한 두려움이다. 그렇기 때문에 미래의 일을 상상할 때에만 불안한 마음이 들 수 있다. 하지만 현재 상황에만 집중할 수 있다면, 지금 처리해야 할 일을 성공적으로 수행할 가능성이 커지며, 그로 인해 미래 또한 밝아질 것이다.

나는 포인트가 결정되고 난 다음, 정해진 위치로 이동하거나 공을 주우러 가는 동안 호흡에 집중한다. 경기의 승패에 대한 생각이 떠오르는 순간에는 호흡을 고르고, 자연스럽게 움직이면서 긴장을 푼다. 이렇게 하면 다음 포인트를 시작할 시점에 전보다 더 집중된 상태로 임할 수 있다. 또한 범실에 대한 생각에 얽매이지 않을 뿐만 아니라 예상 밖의 멋진 샷이 나왔을 때 이를 지나치게 의식하지도 않게 된다.

자아 2의 무아지경에서 경기하기

이 책의 1장에서는 사람들이 최상의 경기력을 보일 때 자신의 마음의 상태를 어떤 식으로 묘사하는지에 관해 언급했다. 그들은 '마음을 비우고 플레이하다' 또는 '생각을 지우고 경기하다'라는 표현을 쓰곤 한다. 요즘은 '무아지경에서 경기하다'라는 말이 대세다. 여기서 흥미로운 점은 이러한 마음의 상태를 기술하는 것이 불가능하다는 사실인데, 이 상태에 들어서면 대개 기술의 주체가 존재하지 않기 때문이다. 여기서 빠져나온 다음에 어떤 상태에 있었는지 기억하려고 애쓰지만, 이는 쉬운 일이 아니다. 좋은 느낌이 들었고, 기적이 일어난 것처럼 생각될 뿐이다.

이러한 상태에서 어떤 일이 일어나는지 정확히 알지는 못하지만, 어떤 일이 일어나지 않고 있는지는 알 수 있다. 즉, 자신에 대해 비판하지 않는다. 잘했다고 칭찬하지도 않는다. 어떻게 하면 올바른 스트로크를 구사할 수 있을지 고민하지도 않는다. 이미 지나간 샷이나 앞으로의 스코어도 생각하지 않는다. 다른 사람들이 어떻게 생각할지, 어떤 결과가 나올지도 관심 밖이다. 달리 말하면 자아 1은 빠지고 자아 2만 남은 상태다. 자아 1이 없기 때문에 '내가 한 게 아니야, 그냥 우연히 그렇게 된 거지'라고 생각하기도 한다. '뭔가에 홀린 것 같아', '내가 아니라 내 라켓이 한 거야'와 같은 표현을 쓰기도 한다. 하지만 계획적으로 의도하지는 않았더라도 이는 결코 우연히 발생한 일은 아니다. 사실 자아 2가 주도한 것이다. 자아 1의 통상적인 개입이 배제된 상태에서 당신이 공을 친 것이다.

흥미롭게도 이렇게 자아 1이 빠지고 자아 2만 존재하는 상태에서는 항상 기분이 좋아지고, 의식이 또렷해지며, 대개 경기력 또한 매우 좋아진다. 이는 우리가 흔히 추구하는 자기만족과는 다르다. 조화, 균형, 침착, 평화, 자족의 느낌인 것이다. 이러한 느낌은 정말 '치열한' 테니스 경기 중에도 얻을 수 있다.

마이클 조던이 시카고 불스에서 활약하던 시절, 당시 감독이자 네 차례나 NBA 우승을 일궈낸 필 잭슨은 본인의 책『신성한 골대Sacred Hoops』에서 자아 2의 집중에 관해 자세히 기술했다. '농구는 빛의 속도로 움직이는 댄스와 같습니다. 확고한 결단력이 있어야 하고, 코트 안에 있는 모든 선수에게 완전히 집중해야지만 성공할 수 있어요. 비결은 바로 마음을 비우는 겁니다. 아무 생각 없이 하라는 게 아니에요. 그동안 훈련한 대로 몸이 본능적으로 움직일 수 있도록 해야 합니다. 그러려면 끊임없이 끼어드는 잡념을 배제해야 하는 거죠. 순간에 온전히 몰입할 수 있을 때 우리 몸은 움직임과 분리되지 않고 완전한 일체를 이룰 수 있습니다.'

보스턴 셀틱스의 유명 농구 선수 빌 러셀은 다음과 같이 말했다. "수준이 올라가면 온갖 이상한 일이 벌어집니다. 마치 슬로모션으로 경기를 하는 것처럼 느껴지죠. 이런 상태에서는 다음 플레이가 어떻게 전개될지, 다음 공이 어디로 날아올지를 거의 감각적으로 알게 돼요. 상대가 인바운드 패스(농구공이 코트 밖으로 나간 경우, 공격팀이 경기를 재개하면서 다시 코트 안으로 넣는 패스 - 옮긴이)를 하기도 전에 이미 느낌이 강렬하게 오기 때문에 '저쪽이야'라고 우리 팀원들에게 소리칠 뻔하기도 합니다. 물론 그렇게 하면 모든 상황이 바뀐다는 걸 알기 때문에 입을 다물고 있죠. 제 예감은 틀린 적이 거의 없었어요. 저는 셀틱스 멤버들뿐만 아니라 상대편 선수들도 모두 파악했고, 그들도 저에 대해 속속들이 알고 있으리라 생각했습니다. 지금은 별로 이상하게 생각되지 않아요. 이제는 그게 당연한 거고, 항상 그래야 하는 걸로 생각합니다. 누구나 집중할 수 있고, 누구나 깨어있을 수 있습니다."

'무아지경'에 대해 주의할 점이 있다. 이는 바로 자아 1의 통제하에 있지 않다는 사실이다. '언제나 무아지경에서 플레이하는' 기술을 알려주는 기사는 수없이 많다. 이를 곧이곧대로 받아들이면 안 된다. 이건 아주 오래된 함정이다. 자아 1은 무아지경에서 경기한다는 생각과, 특히 그로 인한 결과를 선호한다. 그렇기에 자아 1은 무아지경으로 당신을 데려가기 위해서라면 수단과 방법을 가리지 않을 것이다. 하지만 여기에는 숨겨진 문제점이 있다. 자아 1을 버려야만 그곳에 도달할 수 있다는 사실이다. 자아 1이 리드하도록 하는 경우에는 자아 1도 그곳에 함께 할 텐데, 그런 상황에서는 결코 무아지경에 들어갈 수 없다. 설령 잠시 무아지경에 들어간다 하더라도 자아 1이 '좋아, 이제 됐어'라고 하는 순간 다시 나올 수밖에 없다.

무아지경을 바라보는 시각을 달리할 수도 있다. 즉, 선물로 생각해 보는 것이다. 선물을 대 놓고 달라고 할 수는 없지만 얻고자 할 수는 있다. 그렇다면 어떻게 해야 얻을 수 있을까? 노력으로? 대체 어떤 노력이 필요할까? 무아지경에 대한 이해가 있어야 노력이 의미가 있다. 그리고 아마도 집중하기 위한 노력과 자아 1의 통제에서 벗어나기 위한 노력은 항상 포함되어야 할 것이다. 신뢰가 쌓일수록 자아 1의 목소리는 잦아지고 자아 2가 깨어나면서 점차 전면으로 부상한다. 그러면서 즐거움이 수반되고 선물이 주어지는 것이다. 자아 2의 역할을 인정하면서 어떻게 해야 하는지 '알고' 있다는 생각을 버린다면, 선물은 더 자주 찾아와서 오랫동안 지속될 것이다.

　과학적으로 들리지는 않을 것이다. 당신이 원하는 것처럼 통제할 수 있는 것도 아니다. 나는 아마도 25년 이상 오랜 기간 동안 자아 2를 추구해왔다고 할 수 있다. 자아 2는 내가 오라고 한다고 오지는 않는다. 겸손한 마음, 존중하는 마음으로 준비하고 있으면 어느 순간 나를 찾아오는 것이다. 그런 순간에는 자아 1의 개입 없이 순수한 희열을 느낄 수 있게 된다. 이는 정말 매력적인 순간이다. 붙잡으려고 하면 조각 비누처럼 미끄러지듯 손아귀에서 벗어날 것이다. 당연하게 여긴다면 어느 순간 잃어버리고 말 것이다. 한때 나는 뭔지 정확히 알지는 못하지만, 그 순간에 존재하는 것은 곧 나를 떠날 거라고 생각했다. 하지만 이제는 알고 있다. 떠나는 주체는 바로 나라는 사실을. 어린아이에게는 언제나 자아 2가 존재한다. 아이가 자라면서 마음을 빼앗기는 대상이 많아지면 자아 2의 존재를 인지하기가 어려워진다. 하지만 자아 2는 지금까지 그랬듯이 언제까지나 당신과 함께할 것이다. 생각은 계속 새롭게 바뀐다. 하지만 아이의 자아는 변함없이, 마지막 숨결을 내뱉는 순간까지 지속될 것이다. 자아 2의 존재를 만끽하고, 감사하는 것이 바로 집중이 주는 선물이다.

집중력 소실

우리가 왜 이곳, 그리고 이 순간에서 벗어나는지는 알 수 없는 일이다. 우리가 진정으로 즐기고, 무언가를 성취할 수 있는 유일한 시공간인데 말이다. 우리가 가진 대부분의 고민은 과거에 대한 집착이나 오지도 않은 미래에 대한 걱정에 기인한다. 그럼에도 불구하고 현재 주어진 순간에 만족하는 사람은 극히 드물다. 지금의 모습과는 달라야 한다는 욕망이 비현실의 세계로 우리를 이끄는 것이다. 결과적으로 현재에 감사하는 마음이 점차 사라지게 된다. 우리의 마음은 과거나 미래와 같은 비현실을 추구하는 순간 현실의 세계를 떠난다. 집중의 상태에서 벗어나는 순간이 생기는 이유를 이해하기 위해서는 내가 무엇을 추구하고 있는지 정확히 알 필요가 있었다. 얼마 지나지 않아 내가 코트에서 단지 테니스를 치는 것 이상으로 원하는 것이 있다는 사실이 분명해졌다. 즉, 내가 하고 있던 게임은 테니스만이 아니었다. 마음의 집중을 유지하기 위해서는 내 안에서 갈등하고 있는 욕망의 실체를 파악하고 이를 해결하는 것이 필요하다. 다음 장에서는 이러한 과정에 관해 설명할 것이다.

제8장

코트에서
벌어지는 게임

코트에서 벌어지는 게임이 테니스만은 아니라는 사실은 경기를 보러 온 관중이라면 누구나 쉽게 알 수 있을 것이다. 장소는 어디든 상관없다. 클럽이나 공원, 또는 사립 코트를 막론하고 선수들이 좌절하고 분노하는 모습은 흔히 볼 수 있는 장면이다. 발을 구르고, 허공을 향해 주먹을 내지르며, 승리의 세리머니를 펼치는 모습, 특유의 루틴을 반복하고, 애원하고, 욕하고, 기도하는 모습은 관중들에게 낯설지 않다. 분노에 가득 차 라켓을 펜스로 던져 버리기도 하고, 기쁨에 겨워 공중으로 던지기도 하며, 자신의 형편없는 플레이에 흥분한 나머지 코트 바닥에 내동댕이치기도 한다. 코트 안에 들어온 공이 아웃으로 선언되기도 하고, 라인을 벗어난 공이 인으로 선언되기도 한다. 선심은 협박을 당하고, 볼보이는 야단맞으며, 선수들 간의 우정에는 금이 간다. 그들의 얼굴에는 수치심, 자부심, 황홀감, 절망감이 번갈아 나타난다. 의기양양한 표정으로 안주하다가 불안에 빠지고, 자만심은 처량한 실망감으로 바뀌고 만다. 분노와 적개심이 공공연히 드러나기도 하지만 때로는 교묘히 감춰진 형태로 표출되기도 한다. 테니스를 처음 보는 사람은 경기의 시작부터 종료 시점까지 한 편의 드라마가 펼쳐지는 장소가 테니스 코트라는 사실을 믿기 어려울 것이다.

시합 도중에 표출되는 선수들의 모습은 다양하기 그지없다. 모든 형태의 감정적 반응이 드러날 뿐만 아니라 선수들이 지닌 동기 역시 각양각색이다. 오직 승리만을 추구하는 사람도 있고,

지지 않으려고 모든 수단을 강구하다가도 매치포인트 상황에서는 매번 기회를 놓치는 사람도 있다. 멋진 경기를 펼치기만 한다면 결과는 크게 개의치 않는 사람도 있고, 아예 어떤 것에도 신경 쓰지 않는 사람도 있다. 상대방을 속이기도 하고, 자신을 기만하기도 한다. 과도한 자신감에 언제나 으스대는 사람도 있고, 자신의 실력을 지나치게 비하하는 사람도 있다. 또한 비록 소수이긴 하지만, 그저 즐겁게 건강을 관리할 목적으로 테니스를 치는 사람도 있다.

에릭 번은 그의 저서인 『심리 게임Games People Play』에서 인간 상호작용의 이면에서 일어나는 잠재적 게임에 관해 기술했다. 그는 이 책에서 사람들 사이에서 일어나는 것처럼 보이는 일들은 사실 일부에 지나지 않는다는 점을 분명히 밝혔다. 이는 테니스 코트에서도 마찬가지다. 경기를 잘 풀어나가기 위해서는 이에 대해 잘 알고 있는 것이 도움이 될 것이다. 따라서 여기에서는 사람들이 코트에서 어떤 게임을 하는지에 대해 간단히 설명하고 이어서 가치 있는 게임을 찾는 방법에 관해서도 간단히 언급하겠다. 이러한 가이드는 자기 분석의 도구로 사용되어서는 안 된다. 테니스를 치면서 더 많은 즐거움을 찾는 열쇠가 되어야 할 것이다. 당신의 자아가 생사가 달린 문제로 고투를 벌이는 중이라면 즐거움을 추구하거나 집중을 유지하기란 쉽지 않을 것이다. 자아 1이 자기 이미지에 대한 중대한 게임을 남모르게 하는 상황에서 자아 2가 자발적으로 뛰어난 경기를 펼치는 건 거의 불가능하다. 하지만 자아 1이 어떤 게임을 하는지 파악하면 자아 2는 어느 정도 자유로워지며, 그렇게 되면 당신은 플레이할 가치가 있는 게임을 객관적으로 식별하고 찾아낼 수 있을 것이다.

여기서 잠시 '게임'이 지니는 의미를 간단히 짚고 넘어가도록 하자. 모든 게임에는 선수와 목표, 이들 사이에 존재하는 장애물, 게임이 펼쳐지는 공간(물리적 및 정신적), 그리고 경기에 참여하는 동기가 있다.

아래의 가이드에서는 경기의 목표와 동기에 따라 게임을 세 가지 부류로 나누고, 각각 실력 지향형, 친목 지향형, 건강·재미 지향형이라 부를 것이다. 이 게임은 코트 안에서뿐만 아니라 코트 밖에서도 진행된다. 각각의 주요 게임에는 몇 가지 부속 게임이 있으며, 각각 목표와 동기를 지닌다. 또한 대부분의 사람은 두세 가지 형태가 융합된 게임을 동시에 펼친다.

주요 게임 1 : 실력 지향형

일반적인 목적: 테니스 실력 향상의 추구.

일반적인 동기: 자신의 실력이 '뛰어나다'라는 사실을 입증하는 것.

부속 게임 A : 완벽 지향형

명제: 얼마나 잘 칠 수 있을까? 완벽 지향형에서 '뛰어남'에는

기준이 필요하다. 골프에서는 '파Par'가 기준일 것이고, 테니스에서는 자신이 설정한 기대치이거나 부모, 코치 또는 친구들의 기대치이다.

목적: 완벽함, 도달할 수 있는 최고 수준에 이르는 것.

동기: 자신에게 실력을 입증하고 싶은 욕망.

외적 장애물: 완벽해야 한다는 생각과 실제 실력 사이의 결코 좁혀지지 않는 틈.

내적 장애물: 완벽함에 근접하지 못함에 대한 자책으로 인해 실망하거나 강박적으로 노력하기도 하며, 애초부터 증명해야 할 게 있는지 자신에 대한 의구심으로 이어질 수 있다.

부속 게임 B: 경쟁 지향형

명제: 내가 상대보다 뛰어나다. 여기서 '뛰어남'은 정해진 기준이 아닌 상대 선수의 실력과 비교해 평가된다.

좌우명: 좋은 플레이를 펼치는 것보다 승패가 더 중요하다.

목적: 최고가 되고, 이기고, 모든 선수를 물리치는 것.

동기: 최고의 지위에 오르려는 욕망. 다른 이들에게서 존경받고, 이들을 통제하려는 마음에서 비롯된다.

외적 장애물: 당신을 이길 수 있는 선수는 언제나 존재한다. 특히 날로 실력이 향상되는 젊은 선수들.

내적 장애물: 상대와의 비교에 집착한 나머지 자발적으로 행

동하기가 어려워진다. 경쟁 상대에 따라 열등감을 느끼기도 하고 우월감을 느끼기도 한다. 패배를 두려워한다.

부속 게임 C: 이미지 지향형

명제: 내 모습을 보라! '뛰어남'은 겉으로 드러나는 모습으로 평가된다. 승리나 실력보다는 스타일이 중요하다.

목적: 멋지고, 현란하고, 강력하고, 탁월하고, 부드럽고, 우아하게 보이는 것.

동기: 사람들의 시선을 모으고, 칭찬을 받고자 하는 욕망.

외적 장애물: 언제나 멋지게 보일 수는 없다. 누군가에게는 멋지게 보여도 다른 이의 눈에는 그렇지 못할 수 있다.

내적 장애물: 자신의 존재에 대한 혼돈. 모두를 만족시키지 못하고 혼자 남겨질지도 모른다는 두려움.

주요 게임 2: 친목 지향형

일반적인 목적: 친구를 사귀고, 교우 관계를 유지하는 것.

일반적인 동기: 교우 관계에 대한 욕망.

부속 게임 A: 지위 지향형

명제: 클럽에서 테니스를 친다. 얼마나 잘 치는지보다는 어디

서 누구와 치는지가 더 중요하다.

목적: 사회적 지위를 유지하거나 높이는 것.

동기: 저명인사와의 교류에 대한 욕망.

외적 장애물: 남에게 뒤지지 않기 위한 비용 지출.

내적 장애물: 사회적 지위 소실에 대한 두려움.

부속 게임 B: 동반 지향형

명제: 친한 친구들이 모두 테니스를 친다. 당신도 친구들과 함께하기 위해 테니스를 친다. 너무 잘 치면 안 된다.

목적: 친구를 만나고 교우 관계를 유지하는 것.

동기: 소속감과 우정에 대한 욕망.

외적 장애물: 적절한 시간과 장소, 친구를 찾는 것.

내적 장애물: 배척에 대한 두려움.

부속 게임 C: 남편 또는 아내 지향형

명제: 남편(또는 아내)이 항상 테니스를 쳐서⋯

목적: 배우자와 만나는 것.

동기: 외로움.

외적 장애물: 배우자와 함께 경기할 수 있는 수준에 도달하기.

내적 장애물: 외로움이 테니스 코트에서 극복될 수 있을지에 대한 의구심(완벽 지향형의 내적 장애물 참조).

주요 게임 3: 건강 · 재미 지향형

일반적인 목적: 정신적 또는 신체적 건강이나 즐거움.

일반적인 동기: 건강 및 재미.

부속 게임 A: 건강 지향형

명제: 의사의 조언에 따라 테니스를 치거나 스스로 체력을 키우고 멋지게 보이기 위해 테니스를 친다.

목적: 운동하고, 땀 흘리고, 마음을 평온하게 하는 것.

동기: 건강, 활력, 젊음을 유지하고자 하는 욕망.

외적 장애물: 비슷한 동기를 가진 사람을 찾는 것.

내적 장애물: 테니스가 정말 도움이 되는지에 대한 의구심. 완벽 지향형 또는 실력 지향형으로 빠지기 쉽다.

부속 게임 B: 재미 지향형

명제: 승리나 '뛰어남'이 아닌 오직 재미만을 위해 테니스를 친다(순수한 형태의 테니스를 보긴 힘들다).

목적: 최대한 많은 재미의 추구.

동기: 즐거움.

외적 장애물: 없음.

내적 장애물: 자아 1의 게임에 빠지는 것.

부속 게임 C: 학습 지향형

명제: 자아 2의 학습 및 성장에 대한 욕망에서 테니스를 친다.

목적: 진화하는 것.

동기: 배우는 즐거움.

외적 장애물: 없음.

내적 장애물: 자아 1의 게임에 빠지는 것.

경쟁의 윤리와 실력 지향형의 부상

테니스를 '진지하게' 받아들이는 사람은 처음 테니스에 입문할 때의 동기가 무엇이었건 간에 결국 실력 지향형이 되기 마련이다. 주말에 운동도 하면서 일상의 스트레스를 해소할 목적으로 테니스를 시작하는 사람이 많지만 지나치게 무리한 목표를 설정하면서 코트에서 오히려 더 좌절하고 스트레스를 받기도 한다.

테니스가 대체 얼마나 중요하기에 그로 인해 불안하고, 분노하고, 우울증에 빠지고, 자신에 대한 의구심마저 생기는 지경에 이르게 되는 것일까? 이에 대한 해답은 우리 문화 깊숙이 뿌리박혀 있다. 우리는 성과 지향적인 사회에 살고 있기 때문에 다양한 분야에서 경쟁력을 평가하는 경향이 있다. 첫 성적표를 받아들고 칭찬을 받거나 야단맞기 훨씬 이전부터, 우리는 자신의 행동으로 사랑받거나 무시당하는 경험을 하는 것이다. 이러한 성향은 한 가지 분명한 메시지를 전한다. 즉, 어떤 일이건 간에 잘해야만 좋은 사람이 되며 존중받는다는 사실이다. 사랑받기 위해 요구되는 행동은 집집마다 다르다. 하지만 자신의 가치와 성공 사이에는 언제나 공통적으로 적용될 수 있는 공식이 존재한다.

이는 정도에 따라 차이가 있긴 하지만 성과 지향적인 행동이 개인의 가치를 규정하는 기준이 될 수 있다는 의미이기 때문에 결코 가볍게 볼 수 있는 공식은 아니다.

결국 골프를 잘 못 치는 사람은 자신뿐만 아니라 타인으로부터 존중을 받지 못하고, 골프 실력이 뛰어나다면 존중을 받는다는 뜻이다. 클럽의 챔피언이라면 승자로 인식될 것이며, 그가 속한 사회에서의 가치가 더욱 올라간다. 똑똑한 사람, 외모가 출중한 사람, 그리고 능력이 뛰어난 사람이 더 나은 사람으로 여겨지는 것이다.

사랑받고 존중받는 것이 경쟁 사회에서의 승리 여부로 결정된다면 사랑과 존중에 대한 결핍을 호소할 사람이 많을 수밖에 없다(누군가 승리하기 위해서는 누군가 패배해야 하고, 최상의 경기력을 보일 때는 이에 비교되는 열등한 경기력이 있어야 하기 때문이다). 물론 이들도 존중받기 위해 노력하며, 승자 또한 그들이 얻어낸 존중을 잃지 않기 위해 똑같이 노력한다. 이러한 점을 고려한다면 경기를 잘하는 것이 왜 그렇게 중요한지 알 수 있을 것이다.

하지만 내가 얼마나 잘하는지가 나의 가치를 평가하는 기준이 되어야 할까? 아니, 대체 내가 왜 평가의 대상이 되어야 할까? 누가 정한 걸까? 인간의 가치는 수행 능력을 포함한 그 어떤 것에 의해서도 평가될 수 없다는 사실을 알아야만 이러한 덫에서 벗어날 수 있다. 정말로 인간의 가치를 평가할 수 있다고 생각하는가? 평가 불가능한 존재들 간의 비교를 통해 우리 자신을 평가한다는 것은 어불성설이다. 우리는 우리 자신일 뿐이다. 순간순간의 성과를 가지고 우리 자신을 정의할 수는 없다. 성적표의 등급은 수학 실력을 측정할 수는 있을지 모르지만 개인의 가치를 평가하지는 못한다. 마찬가지로 테니스 경기에서의 점수는 내가 얼마나 잘 했는지, 얼마나 열심히 노력했는지를 나타내는 척도일 수는 있지만 나라는 존재를 규정할 수는 없으며, 경기하기 전보다 더 나은 사람이거나 못한 사람으로 간주하도록 만들 수는 없다.

의미 있는 게임을 찾아서

네트 너머를 볼 수 있을 만큼 키가 커지자 나는 아버지의 권유로 테니스를 시작했다. 처음에는 사촌들, 누나와 함께 그냥 치다가 11살이 되자 캘리포니아주 페블 비치에서 존 가디너라는 새로운 코치에게 처음으로 레슨을 받았다. 같은 해 내셔널 하드코트 챔피언십 대회 '11세 이하부'에 처음 출전했다. 시합 전날 밤, 나는 대회 다크호스로서 우승을 차지하는 꿈을 꿨다. 첫 시합은 긴장되긴 했지만 비교적 쉽게 승리를 따냈다. 하지만 2회전에서 2번 시드 선수와 만나 6-3, 6-4로 패하고 말았다. 눈물이 흘러 내렸다. 왜 승리가 그다지도 중요한지 도무지 이해할 수가 없었다.

이후 몇 년 동안 여름이 되면 매일 테니스를 쳤다. 아침 7시면 스스로 일어나 5분 만에 아침을 차려 먹고 수 킬로미터 떨어진 페블 비치 코트로 달려갔다. 너무 이른 시간이라 코트에는 아무도 없었다. 나는 벽치기를 하며 끊임없이 포핸드와 백핸드 스트로크를 연습했다. 매일 10~15세트의 경기를 했고, 레슨을 받았으며, 어두워서 공이 더 이상 보이지 않을 때까지 쉬지 않았다. 왜 그랬을까? 사실 잘 몰랐다. 만약 누군가가 물어봤다면 '테니스가 좋아서요'라고 대답했을 것이다. 틀린 말은 아니었지만 내가 완벽 지향형이라는 사실이 좀 더 주된 이유였을 것이다. 나 자신에게 절실하게 입증하고 싶은 무엇인가가 있었다. 대회에서 승리하는 것도 중요했지만 하루하루 멋진 플레이를 하는 것이 더 중요했다. 실력을 계속 키우고 싶었다. 나는 절대 이길 것 같지 않은 상황에서 나 자신과 다른 사람들을 놀라게 하는 스타일이었다. 쉽게 지지는 않았지만 치열한 접전에서 승리를 거두기는 어려웠다. 지는 것이 싫긴 했지만, 상대방을 이기는 것 또한 그다지 유쾌하지 않았다. 약간 민망하다는 생각도 들었다. 나는 쉴새 없이 노력하는 스타일이었고 스트로크를 개선하기 위해 쉬지 않고 노력했다.

15살이 되었을 때 내셔널 하드코트 챔피언십 대회 소년부에서 우승했다. 큰 규모의 대회에서 우승하니 짜릿한 전율이 느껴졌다. 이 대회 직전에 칼라마주에서 열린 내셔널 챔피언십 대회에서는 7번 시드 선수에게 8강에서 3-6, 6-0, 10-8로 패했다. 마지막 세트 5-3으로 앞선 상황에서 내 서브 게임이었고, 40-15로 한 점만 남긴 상태였다. 긴장되긴 했지만 승리를 낙관했다. 첫 번째 매치포인트 상황에서 세컨 서브를 넣었는데 에이스를 노리다가 더블 폴트를 하고 말았다. 두 번째 매치포인트에서도 경기장을 꽉 메운 관중들 앞에서 어이없는 발리 범실을 저질렀다. 이후 수년 동안 그 당시 매치포인트 상황이 꿈에 수도 없이 나타났다. 그날의 기억은 20년 전 바로 그때처럼 생생했다. 이유가 뭘까? 꿈에 나타나는 것이 무슨 의미가 있는 걸까? 나는 굳이 해답을 구하려 하지 않았다.

대학에 들어갈 때까지 나는 챔피언십 대회를 통해 나 자신의 존재 가치를 입증하겠다는 생각을 접었었다. '뛰어난 아마추어' 선수로 만족했다. 대신 지적 활동에 나의 에너지 대부분을 썼다. 성적을 잘 받기 위해 공부하기도 했고, 순수한 학문적 열정으로 진실을 탐구하기도 했다. 대학 2학년 때부터 학교 대표 테니스 선수로 활동했다. 학과 성적이 좋지 못할 때는 코트에서의 성적도 신통치 않았다. 학문적으로 입증하기 어려웠던 부분을 코트에서 입증하기 위해 노력했지만, 한 분야에서의 자신감 부족은 다른 분야에도 영향을 미친다는 것을 알게 되었다. 하지만 다행스럽게도 반대의 경우도 성립되었다. 대학 선수 4년간 활동하는 동안 시합을 하기 위해 코트에 들어설 때면 거의 항상 긴장했다. 4학년이 되자 팀의 주장으로 뽑혔다. 이제 경쟁에서 어떤 것도 입증할 수 없다는 사실을 깨달았지만 시합 전 긴장감은 여전했다.

졸업과 동시에 테니스 선수 생활은 10년 동안 하지 않았고, 교육 분야에서의 커리어를 시작했다. 뉴햄프셔의 엑세터 아카데미에서 영어를 가르치면서 가장 영리한 학생조차 배우고 학문적으로 성과를 내는 과정에서 무언가로부터의 심각한 방해를 받는다는 사실을 알게 되었다. 미 해군 핵잠수함 '토피카'에서 훈련 교관으로 지내면서는 우리의 교육 체계가 얼마나 허술한지, 훈련 방식 또한 얼마나 전근대적인지를 직접 목격했다. 해군에서 전역한 후 노던미시건대학교에서 몇몇 이상주의자들과 함께 인문대학을 설립했다. 그곳에서 보낸 5년 동안 나는 학습 방법, 그리고 다른 사람이 학습을 어떻게 도와줄 수 있는지에 점점 더 흥미가 생겼다. 1960년대 활동한 에이브러햄 매슬로우와 칼 로저스의 성과를 연구했고, 클레오몬트 대학원에서 학습 이론을 공부했다. 하지만 뚜렷한 성과를 거두지 못하던 중 1970년 안식년 기간을 이용해 여름 동안 테니스를 가르쳤다. 나는 학습 이론에 관심이 있었는데, 그해 여름 학습 과정에 어느 정도 통찰이 생겼다. 테니스를 계속 가르치기로 한 다음, 나는 이너 게임이라는 방법을 개발했다. 이는 학생들이 배우는 속도를 현저하게 끌어올릴 수 있는 학습 방법이었고, 나의 테니스 게임에도 도움이 되었다. 집중의 기술에 대해 깨우치고 나니 게임에 활력이 생겼고, 곧 예전보다 더 잘 칠 수 있었다. 이후 캘리포니아주 시애틀의 메도우브룩 클럽에서 코치로 활동하게 되었는데, 나 자신의 스트로크에는 그다지 많은 시간 투자를 할 수 없었지만 내가 가르치는 학습 원리를 적용한 결과 지역의 어떤 선수에게도 쉽지지 않을 정도가 되었다.

어느 날, 정말 잘 치는 선수를 상대로 멋진 경기를 펼친 다음, 대회에 출전하는 걸 고민하기 시작했다. 나는 내 경기에 자신감이 있었다. 하지만 랭킹이 있는 선수들과는 시합해 본 적이 없었다. 그래서 상위 랭커들이 즐비한 버클리 테니스 클럽에서 열리는 대회에 참가 신청을 했다. 대회가 열리는 주말, 나는 자신감에 가득 찬 상태로 버클리로 향했다. 하지만 도착할 무렵이 되자 내 실력에 의문이 들기 시작했다. 모든 선수가 190cm가 넘는 키에 라켓도 대여섯 자루씩 들고 다니는 것처럼 보였다. 테니스 잡지에서 보던 선수들도 다수 눈에 띄었다. 하지만 그들 중에 나를 알아보는 선수는 아무도 없는 것 같았다. 내가 주름잡던 메도우브룩과는 분위기가 딴판이었다. 낙관적이던 마음은 갑자기 비관적으로 바뀌었다. 경기를 잘 치를 수 있을지 자신이 없었다. 왜 그랬을까? 세 시간 전 클럽을 출발하고 나서 대체 무슨 일이 벌어진 걸까?

첫 번째 경기의 상대 선수는 라켓은 비록 세 자루밖에 가지고 있지 않았지만 정말로 190cm가 넘었다. 베이스라인 쪽으로 걸어가는 동안 다리가 후들거리고 손목에 힘이 들어가지 않는 기분이었다. 라켓 손잡이를 꽉 쥐면서 몇 차례 시험해 보았다. 코트에서 어떤 일이 벌어질지 궁금했다. 하지만 몸을 풀기 시작하면서 나는 생각했던 만큼 상대가 강력한 선수는 아니라고 판단했다. 내 수강생이라면 어떤 조언을 해야 할지가 분명했다. 나는 그를 '중상위급 클럽 선수'로 분류했고, 그러자 한결 기분이 편안해졌다.

하지만 한 시간 정도 지난 후 2세트 스코어 4-1로 그가 앞서고 있었다. 이미 1세트를 6-3으로 빼앗긴 상태였기 때문에 나는 곧 '중상위급 클럽 선수'에게 패할 위기에 놓였다. 경기 내내 불안감을 떨치지 못했고, 쉬운 샷을 놓쳤으며, 일관성 있는 경기를 펼치지 못했다. 집중력이 떨어져 공이 라인에서 한참 벗어났고, 발리도 매번 네트에 걸렸다.

그런데 승리를 목전에 두고 있던 상대가 갑자기 흔들리기 시작했다. 무슨 일이 벌어진 건지 알 수 없었지만, 그는 경기를 마무리 짓지 못했고, 결국 2세트 7-5, 3세트 6-1로 패하고 말았다. 경기장 밖으로 나가면서 나는 경기에서 이겼다는 느낌이 들지 않았다. 단지 그가 졌다는 생각뿐이었다.

다음 경기는 북부 캘리포니아 지역에서 상위에 랭크되어 있는 선수를 상대할 예정이었다. 나는 그가 대회 경험도 풍부하고, 실력도 나보다 더 뛰어나다는 사실을 알고 있었다. 하지만 1회전 때처럼 경기를 하고 싶지는 않았다. 처참한 패배로 이어질 게 자명했기 때문이다. 하지만 다리는 여전히 후들거렸고, 마음을 집중하지 못했으며, 긴장감에 사로잡혔다. 결국 나는 조용히 앉아서 나 자신과 대면했다. 그리고 자문했다. '어떤 게 최악의 상황일까?'

어렵지 않은 질문이었다. '6-0, 6-0으로 지는 거겠지.'

'그럼 어떻게 되는데?'

'뭐, 대회에서 탈락하고 메도우브룩으로 돌아가겠지. 어떻게 됐냐고 사람들이 물을 테고, 2회전에서 졌다고 하겠지.'

그들은 아마도 안타까워하며 말할 것이다. "아, 너무 강한 상대를 만났군요. 점수는 어떻게 되었나요?" 그럼 나는 한 게임도 따지 못했다고 고백할 것이다.

'그다음은 어떻게 될까?' 다시 내게 물었다.

'글쎄… 내가 버클리에서 완패했다는 소문이 퍼질 거야. 하지만 난 다시 테니스를 칠 거고, 얼마 지나지 않아 일상의 삶으로 돌아가겠지.'

최악의 시나리오에 대한 솔직한 마음이었다. 유쾌한 일은 분명 아니겠지만 견디기 어려울 정도도 아니었고, 화가 날 일은 결단코 아니었다. 다시 내게 물었다. '최상의 시나리오는 뭐지?'

답은 분명했다. 내가 6-0, 6-0으로 이기는 것이었다.

'그럼 어떻게 되는데?'

'패할 때까지 계속 다음 경기를 치르겠지. 이 정도 대회에서는 사실 얼마 못 가서 질 가능성이 커. 그러면 다시 클럽으로 돌아가 성적을 보고할 거고, 수고했다고 격려를 받겠지. 그러고는 다시 평상시 생활로 돌아갈 거야.'

대회에서 한두 차례 더 경기를 치를 수 있다는 사실은 그다지 매력적이지 않았다. 이제 마지막 질문을 던졌다. '그렇다면 대체 진정으로 원하는 건 뭐지?'

예상 밖의 답이 나왔다. 내가 진정으로 원했던 것은 나의 실력을 최대한 발휘하고, 경기를 즐기는 데 방해가 되는 긴장감에서 해방되는 것이었다. 나의 인생 전반에 만연해있던 내적 장애물을 극복하고 싶었던 것이다. 나는 이너 게임에서 승리하고 싶었다.

이와 같은 결론에 도달하자 새로운 열정으로 경기에 임할 수 있었다. 첫 게임에서 세 차례 더블 폴트를 범했고 서브 게임을 잃었지만 이후 새로운 확신이 생겼다. 그동안 내 어깨를 짓누르던 부담감을 떨쳐버린 것 같았고, 내 의지대로 전력을 다해 경기를 펼쳤다. 결과적으로는 왼손잡이에 회전량이 많은 서브를 구사하던 상대의 서브 게임을 브레이크하지는 못했지만, 2세트 마지막 게임 직전까지 내 서브 게임은 지킬 수 있었다. 나는 6-4, 6-4로 패했지만 코트에서 빠져나올 때는 마치 승리한 듯한 기분이었다. 외면의 게임에서는 졌지만 내가 진정으로 원했던 나 자신과의 게임에서는 승리했기에 행복했다. 경기가 끝난 후 어떻게 되었냐고 친구가 묻자 하마터면 '내가 이겼어'라고 대답할 뻔했다.

바로 그날, 나는 처음으로 이너 게임의 존재와 그 중요성을 인지하게 되었다. 이 게임의 규칙은 알지 못했고 목적 또한 불분명했지만, 우승컵을 들어 올리는 것보다 더 중요한 무언가가 있다는 사실을 어렴풋이 깨달을 수 있었다.

제 9 장

경쟁의 의미

현대 서구문화에서는 경쟁에 대한 논란이 있다. 일부에서는 경쟁이 지니는 의미를 높게 평가하며 서구 산업사회의 발전과 번영의 원동력으로 치부한다. 다른 한편에서는 경쟁이 대립과 분열을 유발한다며 바람직하지 못한 것으로 간주한다. 즉, 사람들 간에 적대감을 조장하고 협동을 방해하며, 궁극적으로 원하는 결과를 얻지 못하게 한다는 것이다. 경쟁의 가치를 인정하는 사람들은 축구, 야구, 테니스, 골프와 같은 스포츠를 추구한다. 하지만 경쟁을 적대감의 합법적인 분출로 여기는 사람들은 파도타기, 원반던지기, 조깅과 같은 비경쟁적인 형태의 여가 활동을 선호한다. 이런 사람들이 테니스나 골프를 칠 때는 '비경쟁적'으로 하려고 한다. 협동을 경쟁보다 우월한 가치로 여기는 것이다.

경쟁의 가치를 폄하하는 사람들은 할 말이 많다. 바로 앞장에서 지적했듯이, 광분한 사람이 경쟁적인 환경에서 어떻게 변하는지를 보여주는 증거는 넘친다. 많은 사람들에게 경쟁은 그저 공격성을 표출하는 장場이다. 누가 더 강하고, 거칠고, 영리한지를 겨루는 공간인 것이다. 그들은 상대방을 꺾음으로써 단지 게임에서뿐만 아니라 한 개인으로서 자신의 우월성을 입증하고자 한다. 본인의 가치를 증명하려는 시도가 다름 아닌 불안감과 자신에 대한 의구심에 기반한다는 사실은 망각한 채 말이다. 자기가 누구인지, 무엇을 하는지에 대해 분명하지 않은 부분을 타인을 통해 자신에게 입증하려는 것이다.

경쟁이 상대방에 대한 자신의 이미지를 형성하기 위한 도구로 사용되는 것은 최악의 경우라 할 수 있다. 이런 상황에서는 정상적인 두려움과 절망이 지나치게 과장된다. 좋은 플레이를 선보이지 못하거나 경기에서 지는 것이 개인으로서의 가치가 떨어지는 것을 의미한다면, 샷을 실수하는 경우 자신에게 분노가 치밀 가능성이 커진다. 그리고 이로 인한 긴장감은 본인이 가진 실력을 모두 발휘하지 못하게 만든다. 자신에 대한 이미지가 손상되지 않는다는 전제가 깔린다면 경쟁이 나쁠 이유는 없다.

나는 지금까지 많은 어린이와 청소년을 가르쳤는데, 많은 이들이 테니스를 얼마나 잘 치는지가 본인의 가치를 결정한다는 잘못된 믿음에 사로잡혀 있었다. 그들은 마치 경기를 잘하고, 승리하는 것을 생사가 달린 문제로 받아들인다. 그리고 테니스 기술을 척도로 친구들과 끊임없이 비교한다. 어떤 아이들은 최고가 되고, 승자가 되는 것만이 그들이 추구하는 사랑과 존경을 받을 자격을 부여한다고 믿었다. 많은 부모가 아이들에게 이러한 믿음을 주입한다. 하지만 우리의 능력과 성과에 따라 가치를 측정하는 방법을 배우는 과정에서 개인의 진정한 가치, 측정 불가능한 가치는 무시된다. 이러한 방식으로 자신을 평가하도록 배운 아이들은 성인이 되었을 때 성공에 대한 강박에 빠져 다른 모든 가치가 빛을 잃기도 한다. 이러한 믿음이 초래하는 비극은 이들이 갈망하는 성공을 이루지 못하는 것이 아니라, 성공으로 쟁취할 수 있다고 믿어 온 사랑과 자존감을 얻지 못할 수 있다는 사실이다. 게다가 안타깝게도 측정 가능한 성공만을 추구하는 과정에서 다른 여러 잠재력이 간과된다. 자연의 아름다움을 음미할 여유를 가지지 못하고, 사랑하는 이에게 내면의 감정과 생각을 표현하지 못하고, 존재의 궁극적인 목적을 탐구하지 못하기도 한다.

성공에 대한 강박에 얽매인 사람도 있지만 어떤 이들은 저항적인 태세를 취한다. 이들은 승자만을 찬양하고 평범의 긍정적인 가치를 무시하는 문화적 패턴에서 나타나는 노골적인 잔인함과 제한점을 지적하며 경쟁을 강하게 비판한다. 특히 부모나 사회가 부과한 경쟁적인 압박감에 시달렸던 젊은이들이 가장 강경하다. 그러한 젊은이들을 가르치면서 나는 그들의 내면에서 실패하고자 하는 욕망을 종종 관찰한다. 그들은 이기거나 성공하기 위해 노력하지 않으면서 실패를 추구하는 것처럼 보인다. 노력하지 않으면서 언제나 변명을 댄다. "졌을지도 모르지만 진정으로 노력하지는 않았기 때문에 상관없어요." 이들은 진정으로 시도하고 실패하는 것, 그게 중요하다는 생각을 대개 인정하지 않는다. 이러한 실패는 그들의 가치에 대한 척도가 될 것이다. 이러한 믿음은 경쟁자들이 자신을 입증하려는 것과 마찬가지다. 둘 다 자아도취이며, 자존감이 상대보다 얼마나 잘했는지에 달려 있다는 잘못된 가정에 기반한다. 둘 다 기대에 부합하지 못할 수 있다는 두려움을 지닌다. 이 근본적이며 때로 지속되는 두려움이 사라져야만 경쟁의 새로운 의미를 발견할 수 있을 것이다.

경쟁에 대한 나의 태도는 현재의 관점에 이르기까지 진화를 거듭했다. 앞에서 이야기한 바와 같이 나는 경쟁에 가치를 부여하는 가정에서 자랐고, 뛰어난 경기력을 선보이는 것과 승리를 하는 것 모두 중요하게 여겼다. 하지만 수업과 테니스 경기를 통해 자아 2의 학습 과정을 탐구하자, 나는 비경쟁적으로 바뀌었다. 이기려고 하기보다는 멋지고 우아한 플레이를 하려고 했다. 즉, 순수한 완벽 지향형의 테니스를 치기 시작한 것이다. 상대와 비교해 내가 얼마나 잘하는지에는 신경을 쓰지 않고 내 플레이를 개선하는 데에만 집중하고자 했다. 코트 위를 춤추듯 부드럽게 움직이면서 정확하고 '현명한' 플레이를 펼치고자 했다.

하지만 무언가가 빠져 있었다. 승리하고자 하는 욕망이 없었기에 승부 근성이 결여된 경우가 잦았다. 승부욕이 생기면 자아가 개입한다고 생각했었지만, 어느 순간, 자아가 없는 승부욕이란 동기는 존재하지 않는 게 아닌가 하는 의문이 들었다. 자아도취가 아닌 승부 근성, 자아도취에 수반하는 두려움과 좌절이 없는 승부 근성이란 게 있을까? 이기고자 하는 의지가 언제나 '거봐, 내가 당신보다 더 잘 치지?'라는 의미일까?

어느 날 나는 흥미로운 경험을 했다. 테니스를 멋지게 치고, 잘 치는 것만이 전부는 아니라는 확신을 예기치 못한 방법으로 갖게 된 것이다. 나는 어떤 여성과 데이트를 하기 위해 몇 주에 걸쳐 공을 들이고 있었다. 그녀는 두 차례 거절하긴 했지만 매번 합리적인 이유를 제시했다. 결국 저녁 약속을 잡게 된 날, 마지막 수업을 마치자 내 동료가 한 게임 하자고 청했다. "프레드,

나도 정말 하고 싶어. 하지만 오늘 저녁은 안 되겠어." 나는 대답했다. 그 순간 전화벨이 울렸다. "프레드, 잠시만. 내가 우려하고 있는 전화라면 한 게임 할 수 있을지도 모르겠네. 만약 그렇다면 조심하는 게 좋을 거야." 걱정하던 전화였다. 타당한 변명이긴 했고, 예의 바르게 말을 전했기에 화를 낼 수는 없었다. 하지만 수화기를 내려놓자 분노가 치밀어 올랐다. 나는 라켓을 집어들고 코트로 뛰어가 있는 힘껏 세게 공을 쳤다. 놀랍게도 대부분이 들어갔다. 시합을 시작하고 나서도 강도를 줄이지는 않았다. 경기가 끝날 때까지 공격을 멈추지 않았다. 결정적인 순간에서도 위너를 노렸고, 성공시켰다. 앞서고 있을 때도 평소답지 않게 과감하게 경기를 했다. 마음을 비우고 경기를 한 것이다. 어떻게 된 일인지 분노로 인해 평소 내가 생각하던 한계를 넘어섰다. 경계심이 사라진 것이다. 경기가 끝난 후 프레드는 나와 악수를 했지만 실의에 빠진 모습은 전혀 아니었다. 그날 본인이 감당할 수 없는 허리케인을 만났지만 기꺼이 도전했던 것이다. 사실 내가 워낙 출중한 경기력을 선보였기 때문에 이를 지켜본 것만으로도 즐거워 보였다. 또한 내가 그렇게 잘 치게 된 이유가 그의 덕분이기도 했기에 뿌듯해하는 것 같았다.

여기서 나는 분노가 승리의 원동력이라는 이야기를 하려는 것이 아니다. 승리의 열쇠가 있다면 내가 진심으로 경기에 임했다는 사실일 것이다. 그날 저녁에 화가 나긴 했지만 테니스를 통해 이를 승화시켰다. 바람직한 행동이었고, 결과도 성공적이었다.

승리의 의미

나는 이기고자 하는 의지의 본질을 파악하고 나서야 경쟁의 진정한 의미를 깨달았다. 승리가 지니는 의미에 대한 통찰이 생기게 된 건 어느 날 아버지와의 토론을 통해서였다. 앞에서도 언급했듯이 아버지는 나를 경쟁의 세계로 이끌어준 분이며, 그 자신도 스포츠와 비즈니스 모두에서 열렬한 '경쟁 추종자'였다. 이전에도 여러 번 경쟁에 관해 언쟁을 벌인 적이 있었는데, 나는 경쟁이 건전하지 못하며, 인간의 악한 본성을 끌어낼 뿐이라고 생각했었다. 하지만 이번 대화는 단순한 논쟁의 차원을 넘어섰다.

나는 서핑을 예로 들면서 경쟁을 할 필요가 없는 레저 활동이라고 했다. 나의 주장을 곰곰이 듣던 아버지가 물었다. "하지만 서퍼들도 사실 파도와 경쟁하지 않니? 센 파도는 피하면서 약한 지점을 공략하잖아?"

"맞아요. 하지만 다른 사람과 경쟁하는 건 아니죠. 누군가를 이기려고 하지는 않아요." 나는 대답했다.

"다른 사람과 경쟁하는 건 아니지. 하지만 결국 해변까지 무사히 도달하려고 애쓰는 건 마찬가지잖아?"

"그렇긴 하죠. 하지만 서퍼는 파도의 흐름을 타면서 파도와 한몸이 되는 게 궁극적인 목적이에요." 그때 불현듯 생각이 떠올랐다. 아버지 말이 맞았다. 서퍼는 파도를 타고 해변으로 돌아오려고 한다. 하지만 자신이 다룰 수 있다고 생각하는 가장 큰 파도를 기다리는 것이다. 단지 '흐름을 타려고'만 한다면 적당한 크기의 파도로도 만족할 것이다. 서퍼는 대체 왜 큰 파도를 기다리는 것일까? 그 해답은 간단하지만 경쟁의 진정한 본질을 둘러싼 혼란을 해소해 줄 열쇠가 된다. 서퍼는 큰 파도가 주는 도전을 가치 있게 여기기 때문에 이를 기다린다. 왜 그럴까? 바로 이러한 장애물, 즉 강력한 힘으로 휘몰아치는 집채만 한 파도야말로 서퍼가 최선을 다하도록 만든다. 큰 파도를 상대할 때만 자신의 모든 기술과 용기, 집중력을 총동원해서 이를 극복하려 하는 것이다. 바로 그 순간, 그는 자신의 능력의 한계를 느낄 수 있다. 최고의 기량이 발휘되기도 한다. 다시 말해서 직면하고 있는 도전이 클수록, 자신의 진정한 잠재력을 발견하고 이를 확장할 기회도 늘어난다. 잠재력은 항상 내재되어 있지만, 이러한 활동을 통해 수면으로 드러나지 않는다면 본인조차도 그 존재를 알 수 없다. 장애물은 자아 발견의 과정에 필수 불가결한 요소다. 위의 예에서 서퍼는 자신에게 입증하기 위해 서핑을 하지는 않는다. 본인의 실력을 만천하에 자랑하려는 것도 아니다. 단지 자신 속에 잠자고 있는 잠재력을 탐구할 뿐이다. 본인이 가진 능력이 어느 정도나 되는지 실제로 경험하면서 파악해가는 것이다.

나는 서퍼의 예를 통해 승리의 의미를 좀 더 분명히 알게 되었다. 승리는 목표를 달성하기 위해 장애물을 극복하는 과정이며, 목표가 클수록 승리의 의미도 커지는 것이다. 목표 달성 자체보다는 이를 위해 장애물을 극복하려고 최선의 노력을 다하는 과정이 더욱 가치 있다. 승리라는 결과보다는 이를 추구하는 과정에서 더 많은 것을 얻을 수 있다.

난관을 극복하는 과정의 가치를 알고 있는 사람은 경쟁적인 스포츠가 지니는 가치를 쉽게 알 수 있을 것이다. 테니스에서 본인 능력의 한계를 파악하기 위해 극복해야 할 장애물을 제공하는 사람은 누구인가? 물론 상대 선수다. 그렇다면 상대 선수는 친구인가 아니면 적인가? 어려운 공을 주기 위해 최선을 다하는 상대 선수는 친구일 수밖에 없다. 적의 역할을 충실히 수행해야만 진정한 친구가 될 수 있다. 당신과 경쟁해야만 당신을 도울 수 있는 것이다! 코트에 우두커니 서서 큰 파도가 오기를 기다리는 사람은 없다. 이러한 시각에서 경쟁을 바라본다면, 당신에게 가장 어려운 상황을 만들어야 하는 것은 상대 선수의 의무이며, 마찬가지로 당신 또한 그에게 가장 어려운 장애물을 만들려고 노력해야 한다. 이러한 과정을 통해야만 서로 성장할 기회가 주어지는 것이다.

나는 진정한 경쟁이야말로 진정한 협력이라는 놀라운 결론에 도달했다. 모든 선수는 상대를 이기기 위해 최선을 다하지만 진정한 경쟁의 의미를 놓고 본다면 우리가 이기는 건 상대 선수가 아니다. 이는 바로 상대 선수가 제공하는 장애물을 극복하느냐 하는 문제일 뿐이다. 진정한 경쟁에서 패배자는 없다. 두 선수 모두 상대방이 제공하는 장애물을 극복하는 과정에서 얻는 것이 있다. 머리를 맞대고 싸우는 두 마리 황소처럼 서로 더 강력해질 것이며, 상대방의 발전에 동참하는 것이다.

이러한 태도를 취한다면 테니스 시합에 참여할 때의 마음가짐이 많이 바뀌게 된다. 먼저 상대방의 더블 폴트를 기대하는 대신 첫 서브가 들어오기를 바라게 된다. 서브가 서비스라인 안쪽에 떨어지기를 바라는 상태에서는 더욱 좋은 리턴을 할 가능성이 커진다. 서브에 좀 더 빨리 반응하며 민첩하게 움직이고, 결국 상대에게 더욱 강력하게 도전하게 된다. 상대에 대한 자신감뿐만 아니라 자신에 대한 자신감이 쌓이면서 예측력이 훨씬 더 좋아질 수 있다. 그렇게 되면 경기가 끝나고 나서 상대 선수와 악수를 하고, 누가 이겼는지와는 무관하게 서로 최선을 다한 상황에 진심으로 감사하게 된다.

나는 백핸드가 약한 상대와 친선 경기를 가질 때 그의 약점을 공략하는 것이 약간 치사하다고 느꼈었다. 하지만 앞에서의 논의를 생각해보면 이는 전혀 사실이 아니다. 백핸드 쪽으로 공을 줄수록 그의 백핸드는 좋아질 것이다. 친절을 베푼답시고 포핸드 쪽으로만 공을 보낸다면 그의 백핸드는 영원히 약점으로 남게 된다. 진정으로 친절한 사람은 바로 경쟁자라 할 수 있다.

진정한 경쟁의 본질을 파악하고 나자 또 다른 면에서도 마음가짐이 바뀌게 되었다. 나는 15살 때 지역 대회에서 18살 선수를 상대로 승리를 거둔 적이 있었다. 경기가 끝난 후 아버지는 관중석에서 내려와 진심으로 승리를 축하해줬지만, 어머니의 반응은 의외였다. "가여워라. 자기보다 훨씬 어린애한테 졌으니 마음이 얼마나 안 좋겠어." 두 가지 양극단의 감정이 동시에 생기는 경험이었다. 나는 자부심과 더불어 죄책감을 느꼈다. 경쟁의 목적을 알기 전에는 누군가를 이긴다는 것이 그다지 기쁘지 않았고, 승리를 눈앞에 둔 순간에 가장 흔들리곤 했다. 이러한 점은 다른 선수들에서도 나타나는 현상이었고, 특히 이변이 연출되기 직전 상황에서 더욱 심했다. 이렇게 긴장하는 이유는 경쟁에 대해 잘못 인식하고 있기 때문이기도 하다. 승리를 통해 나의 가치가 입증된다고 가정한다면 의식적이건 무의식적이건 간에 상대를 패배시킴으로써 그의 가치를 떨어뜨리게 된다. 누군가를 밟지 않고는 올라갈 수가 없는 구조다. 이러한 믿음은 불필요한 죄책감을 유발한다. 승자가 되기 위해 킬러가 될 필요는 없다. 킬러는 테니스에 전혀 어울리지 않는 말이다. 이제 나는 모든 포인트에서 이기기 위해 노력한다. 단순하고 바람직한 태도이다. 시합의 승패에는 연연하지 않지만 포인트마다 최선을 다했는지는 중요하게 생각한다. 왜냐하면, 이것이 바로 진정으로 가치 있는 모습이기 때문이다.

최선의 노력이라는 말은 자아 1이 과도하게 노력하는 것과는 다르다. 이는 집중력과 결단, 그리고 몸이 '알아서 하도록' 신뢰하는 것을 의미한다. 신체적으로나 정신적으로 최대한 노력한다는 말이다. 여기서도 경쟁과 협력은 하나가 된다.

승리에 대해 신경 쓰는 것과 승리하고자 애쓰는 것은 큰 차이가 없는 것처럼 들릴지 모른다. 하지만 이들 사이에는 사실 커다란 차이가 있다. 승리에만 관심이 있을 때는 내가 완전히 통제할 수 없는 부분을 걱정하게 된다. 외부의 경기에서 이기거나 지는 것은 나뿐 아니라 상대의 실력과 노력에 따라 달라질 수 있다. 통제할 수 없는 결과에 감정적으로 집착하면 불안해지고, 지나치게 힘이 들어간다. 하지만 승리를 위해 얼마만큼의 노력을 기울일지는 전적으로 당신에게 달린 부분이다. 매 순간 최선을 다할 수 있다. 우리는 통제할 수 있는 대상에 대해서는 불안해하지 않기 때문에, 매 포인트에 최상의 노력을 기울이려고만 한다면 불안은 더 이상 문제가 되지 않을 것이다. 결과적으로, 불안해하며 불필요하게 소모하던 에너지를 포인트 획득에 사용할 수 있게 된다. 그렇게 되면 외면의 게임에서 승리할 가능성 또한 극대화될 수 있다.

이너 게임을 한다는 것은 무슨 의미일까? 이는 매 순간 마음을 비우고 이곳, 그리고 이 순간의 상황에 집중하는 것이 진정한 의미에서의 승패를 결정한다는 뜻이다. 그리고 이 게임은 영원히 끝나지 않는다. 여기서 한 가지 주의할 점이 있다. 위대한 업적은 엄청난 노력으로만 가능하다고 사람들은 말한다. 언젠가 지혜로운 지인이 내게 말했다. "장애물과 마주할 때 사람들은 세 유형으로 나뉘지. 첫 번째 부류는 대부분의 장애물을 넘어설 수 없는 것으로 판단하고 회피해. 두 번째 부류는 장애물을 보자마자 '난 극복할 수 있다'고 소리친 후 땅을 파거나, 올라타서 넘거나, 아니면 폭파하려고 하지. 마지막 부류의 사람들은 장애물을 넘어설지 판단하기 전에 건너편이 잘 보이는 위치로 올라가서 관찰해. 그런 다음에 노력할 만한 가치가 있다고 판단될 때만 시도하는 거야."

제 10 장

코트 밖에서의
이너 게임

지금까지 우리는 테니스에 적용되는 이너 게임에 대해 살펴봤다. 테니스를 치면서 겪는 어려움 중 대다수는 심리적인 면에 기인한다는 점도 알게 되었다. 우리는 샷을 치기 위한 준비 과정과 실제로 샷을 치는 과정에서 너무나 많은 생각을 한다. 움직임을 통제하기 위해 지나치게 노력하고, 결과에 대해 과도하게 걱정하며, 이 결과가 자신의 이미지에 어떤 영향을 미칠지를 염려하는 것이다. 간단히 말해 걱정을 너무 많이 하며 잘 집중하지 못한다. 테니스의 심리적 문제를 잘 파악하기 위해 우리는 자아 1과 자아 2라는 개념을 도입했다. 자아 1은 의식적인 자아-정신을 지칭하는 용어로, 이들은 자아 2, 즉 당신과 당신의 잠재력에게 테니스공을 어떻게 치라고 지시하려 한다. 자발적이고 높은 수준의 테니스에 이르는 열쇠는 이들 두 자아 간의 부조화를 해결하는 데 있다. 이를 위해서는 여러 내면의 기술을 익혀야 하는데, 여기에는 자기 판단을 하지 않기, 자아 2가 공을 치도록 놔두기, 자연적 학습 과정을 인지하고 신뢰하기, 그리고 무엇보다도 이완된 집중 상태를 경험하기 등이 포함된다.

이 시점에서 이너 게임의 개념이 등장한다. 이러한 내면의 기술은 포핸드, 백핸드, 발리(테니스의 외면 게임)에 지대한 영향을 미칠 뿐 아니라 그 자체로도 매우 소중하며, 삶의 다른 분야에도 광범위하게 적용될 수 있다. 예컨대 선수가 자신의 백핸드보다 집중하는 법을 배우는 게 더 중요하다는 사실을 깨달으면, 외면 게임의 선수에서 이너 게임의 선수로 전환한다. 그러면 테니스 실력을 향상시키기 위해 집중하는 법을 배우는 대신, 집중력을 키우기 위해 테니스를 연습한다. 이는 외면에서 내면으로의 중요한 전환이다. 선수의 마음속에서 이러한 전환이 일어나야만 외부적 게임의 결과가 미치는 과도한 영향에서 오는 불안과 절망으로부터 자유로워질 수 있다. 그러면 비로소 자아 1의 자아도취에 내재된 제한을 넘어서 진정한 잠재력을 새롭게 깨닫는 경지에 이를 기회를 얻게 된다. 이제 경쟁은 흥미로운 도구가 된다. 모든 선수는 이를 이용해 승리하려고 최선을 다하면서 한편으로는 상대에게 새로운 자기 인식 수준에 도달할 기회를 제공한다.

따라서 테니스에는 두 가지 게임이 관여한다. 하나는 외부의 상대에 의해 주어진 장애물을 극복하기 위한 외면의 경기로, 여기에는 하나 이상의 외적 포상이 걸려 있다. 또 다른 하나인 이너 게임은 내부의 정신적, 감정적 장애물을 극복하기 위한 경기로, 자신의 진정한 잠재력을 파악하고 이를 나타내는 데 대한 보상이 주어진다. 우리는 내면 및 외면의 경기가 동시에 진행된다는 사실을 알고 있어야 하며, 따라서 어떤 게임을 할지가 아니라 어떤 것을 우선시할지를 선택해야 한다.

거의 모든 인간의 활동에는 외면의 게임과 내면의 게임이 모두 관여한다. 부, 교육, 명성, 우정, 지구의 평화를 추구할 때만이 아니라 저녁 식사 메뉴를 고를 때에도 우리와 우리의 외적 목표 사이에는 언제나 외적 장애물이 존재한다. 내적 장애물 역시 항상 존재한다. 외적 목표를 달성하기 위한 마음가짐은 걱정과 후회로 쉽게 산만해지거나 상황을 혼란스럽게 만들어 내부로부터의 불필요한 어려움을 초래한다. 외적 목적은 다양하며 이를 달성하기 위해서는 여러 기술을 배워야 하는 반면, 내적 장애물은 오직 하나에서 비롯되며 이를 극복하기 위한 기술은 변하지 않는다는 사실을 인식하는 것이 도움이 된다. 당신이 어디에 있건, 무엇을 하건 간에 자아 1은 억제되기 전까지 두려움과 의문, 망상을 유발할 수 있다. 테니스에 집중하는 것은 어떤 과제를 수행하거나 심지어 교향곡을 감상할 때 필요한 집중과 본질적으로 다르지 않다. 백핸드를 토대로 자신을 판단하는 습관에서 벗어나는 방법을 배우는 것은 아이나 상사를 판단하는 습관에서 벗어나는 것과 다르지 않다. 경쟁에서 장애물을 기꺼이 맞이하는 방법을 배우면 삶의 여정에서 마주하는 모든 어려움에서 장점을 찾는 능력이 자동으로 배가된다. 따라서 내적 역량의 강화는 개인 활동의 전 영역에서 즉각적이고 자동적으로 적용된다. 이것이 바로 이너 게임에 주목해야 하는 이유다.

내면의 안정을 다지기

급격한 변화의 와중에서도 침착함을 유지할 수 있는 능력은 현대 사회를 살아가는 사람에게 반드시 필요한 도구일 것이다.

키플링이 말한 바와 같이 현시대에서 가장 생존력이 뛰어난 사람은 '대다수의 사람이 허둥대고 있을 때 평정을 잃지 않는 사람'이다. 내면의 안정은 위험에 직면했을 때 이를 회피한다고 해서 얻을 수 있는 것이 아니다. 무슨 일이 일어나고 있는지를 정확히 꿰뚫어 보고 이에 적절하게 대처할 수 있는 능력이 있을 때 비로소 얻을 수 있는 것이다. 그렇게 되면 주변 상황에 대해 자아 1이 어떤 반응을 보이더라도 마음의 균형과 분별력을 잃지 않을 수 있다.

반면 자아 1이 어떤 일이나 상황으로 흥분하면 우리는 균형을 잃으면서 흔들리게 되는데, 이런 상태를 불안정이라고 한다. 자아 1은 사건에 대한 시각을 왜곡해 잘못된 행동을 취하도록 하는 경향이 있다. 그렇게 되면 내적 균형이 더욱 약화되면서 자아 1의 악순환에 빠지게 된다.

사람들은 흔히 "그래서 어떻게 하면 스트레스를 관리할 수 있는 거죠?"라고 묻는다. 수업을 듣기도 하고 처방을 받기도 하지만 자아 1이 주는 스트레스는 쉽게 사라지지 않는다. '스트레스 관리'에서 가장 큰 문제는 우리가 이것을 피할 수 없는 존재로 인식한다는 점이다. 하지만 분명 관리가 가능한 스트레스도 있을 것이다. 나는 우리가 자아 1에 맞서 싸울수록 이것은 더욱 강해진다는 사실을 깨달았다. 자아 1과 싸우는 대신 마음의 안정을 좀 더 추구하도록 해보자. 자아 2를 지지하고 격려하는 것이다. 자아 2가 강해지면 당신은 좀처럼 쉽게 흔들리지 않으며, 설사 흔들린다 하더라도 전보다 빨리 회복할 수 있을 것이다.

자아 1이 주는 스트레스는 마치 도둑과 같아서 그냥 놔두면 우리 삶의 즐거움을 훔쳐 간다. 나는 나이가 들수록 삶 자체가 선물이라는 생각이 든다. 삶은 내가 상상했던 것보다 훨씬 위대한 선물이기 때문에 코트에서건 코트 밖에서건 스트레스를 받으면서 삶을 허비하는 것은 많은 것을 잃는다는 의미이다. 지혜는 새로운 해답을 찾는 것이라기보다는 오래된 해답의 심오함을 인지하는 것일지 모른다. 세월이 흘러도 변하지 않는 것들이 있다. 자신을 신뢰하고 진정한 자아를 이해하는 것의 중요성은 결코 퇴색되지 않을 것이다. 이는 자신과 타인에 대해 '옳고 그름'의 판단을 내리는 색안경을 벗어 던지는 순간 좀 더 분명하게 다가온다. 그리고 우리의 삶에서 중요한 것, 특히 가장 우선순위가 높은 것이 무엇인지를 분명히 인식하는 것은 삶이 지속되는 한 잠시도 간과해서는 안 될 부분이다.

사방에서 압박이 들어올 때면 스트레스를 피해 가기가 어렵다. 아내, 남편, 직장 상사, 아이들, 청구서, 광고, 그리고 우리가 속한 사회는 나에게 끊임없이 무언가를 요구한다. '이건 좀 더 잘해보세요. 이건 좀 더 많이 해보세요. 그렇게 하지 말고 이렇게 하세요. 뭔가를 좀 보여주세요. 저 사람처럼 해보세요. 이렇게 바꾸려고 하니 당신도 변화에 동참하세요.' 이러한 메시지는 다음과 다를 바 없다. '공을 이렇게 아니면 저렇게 치세요. 아니면 제대로 못 하는 겁니다.' 어떤 때는 너무나 다정하게 또는 당연하게 요구하기 때문에 마치 삶의 일부처럼 느껴지기도 한다. 또 어떤 때는 너무나 가혹하게 요구해서 두려움으로 인해 어쩔 수 없이 끌려가기도 한다. 하지만 한 가지는 분명하다. 외부로부터의 압력은 지속될 것이며, 더 빠르고 강하게 다가올 것이다. 정보의 양은 폭발적으로 증가하고 있다. 때문에 이에 비례해서 우리는 더 많이 알아야 하고, 우리의 경쟁력을 더욱 키워야 한다. 대부분의 사람들은 해야 할 일의 양이 늘어나는 반면, 실직의 위험 또한 증가하고 있다.

스트레스의 원인은 대개 애착이라는 단어로 요약할 수 있을 것이다. 자아 1은 자신이 경험한 사물, 상황, 사람, 관념에 의존하므로 변화가 일어나거나 일어나려 하면 위협을 느낀다. 스트레스로부터의 자유는 포기를 의미하는 것이 아니다. 필요하다면 그냥 놔둘 수 있어야 하고, 그래도 괜찮다는 사실을 깨달아야 한다. 이는 좀 더 독립적인 자아가 되는 것, 다시 말해 더 외로워질 필요는 없지만 안정감을 위한 자신의 내적 자산을 더욱 신뢰하는 태도에서 비롯된다 하겠다.

이러한 시기에 내면의 안정을 구축하는 지혜는 성공적인 삶을 위해 반드시 필요한 덕목일 것이다. 내면의 안정을 향한 첫 번째 단계는 우리에게는 내면의 자아가 있으며, 이 자아는 본질적으로 필요로 하는 것이 있다는 사실을 인식하는 것이다. 당신이 무언가를 성취하고자 할 때는 재능과 능력을 사용하게 된다. 당신의 모든 재능과 능력을 가지고 있는 이 자아에게도 필요한 것이 있다. 이는 굳이 학습이 필요하지 않는 자연스러운 요구 사항이다. 당신이 어디에서 태어났든 상관없이 모든 자아 2는 출생과 동시에 자신의 본성을 추구하려는 성향을 지닌다. 즐기고, 배우고, 이해하고, 감사하고, 추구하고, 쉬고, 건강하고, 생존하고, 자유롭고, 자신을 표현하고, 그리고 자신만의 기여를 하고 싶어 하는 것이다.

자아 2는 자신이 원하는 것을 부드러우면서도 지속적으로 요구한다. 이러한 자아와 합일된 행동을 하면 일종의 만족감이 뒤따른다. 문제는 수많은 외부 압력을 고려할 때 자아 2의 요구 사항에 어느 정도의 우선순위를 부여하는 것이 바람직한가이다. 이는 모든 개인이 각자 자문하고 해결할 수밖에 없다.

다른 사람들과 마찬가지로 나 역시 정말 중요한 사실을 한 가지 배워야 한다. 즉, 자아 2에 의한 내면의 요구와 자아 1에 의해 '내재화'되어 이제는 너무나 익숙해진 나머지 마치 나 자신에게서 나오는 것처럼 '들린다'고 생각되는 외부의 요구 사항을 어떻게 구분하는지 말이다. 나는 지난 25년간 특정 조직에 소속되어 일하지 않았기 때문에 가장 큰 스트레스 요인은 바로 나 자신이었다. 하지만 스트레스를 받으면서 성취하려는 요구 사항은 진정 내게서 나온 것이 아니라는 사실을 서서히 깨닫게 되었다. 이들은 어렸을 때 들었다는 이유만으로, 또는 너무나 일반적으로 통용되기 때문에 '선택'되거나 '믿게' 된 요구 사항이었던 것이다. 하지만 이는 곧 그럴듯하게 들리게 되고, 나 자신의 섬세하지만 지속적인 요구보다도 더 쉽게 귀 기울이게 된다.

나는 여러 테니스 선수들과 인터뷰를 진행했는데, 그중에서 제니퍼 캐프리아티가 14살 때 했던 인터뷰를 가장 좋아한다. 당시 그녀는 톱클래스의 대회에서 출중한 성적을 거두고 있었다. 어떤 기자가 세계 최정상급 선수들과 대결할 때 긴장되지 않냐고 물었다. 제니퍼는 전혀 그렇지 않다고 했다. 오히려 그런 선수들과 경기를 할 수 있다는 사실은 이전까지 누리지 못했던 특별한 혜택이라고 했다. "하지만 고작 14살의 나이에 그런 큰 대회에서 4강에 진출하면 주위로부터의 기대가 분명 부담스러울 텐데요." 두렵다는 자백을 원하는 기자의 집요함에도 불구하고 제니퍼의 대답은 단순하고 천진난만했으며, 내가 보기엔 순수한 자아 2의 발현이었다. "테니스가 두렵다면 대체 왜 하겠어요!" 그녀는 외쳤다. 기자는 더 이상 질문하지 않았다.

냉소적인 사람은 이렇게 말할지도 모른다. "하지만 나중에 제니퍼가 어떻게 되었는지 보면 알잖아." 그렇다. 그녀는 자아 1에 몇 차례 패했을지도 모른다. 하지만 한 번의 승리나 패배로 경기가 끝나는 것은 아니다. 자아 1은 쉽게 포기하지 않겠지만, 자아 2 역시 마찬가지다. 제니퍼의 자아 2가 온전하다는 사실에는 의심할 여지가 없다. 우리는 14살의 제니퍼로부터 두려움에 어떻게 대처해야 하는지에 대한 영감을 얻을 수 있다.

스트레스로부터의 자유는 진정한 자아에 대한 우리의 반응에 비례하여 나타난다. 또한 이런 상태에서는 가능한 한 모든 순간에 자아 2가 본래의 모습을 보이며, 그러한 과정을 즐길 기회가 주어진다. 내가 아는 한 이는 평생 지속되는 학습 과정이다.

실제로는 어두운 이면을 지니고 있으면서 겉모습의 아름다움만 찬양하는 그런 종류의 긍정적 사고를 부추기는 것이 아니라는 점을 이해하길 바란다. '자신이 친절하다고 생각하면 실제로 친절하게 되고, 승자라고 생각하면 실제로 승자가 된다'는 식으로 주장하는 것이 아니란 말이다. 내 생각에 이는 자아 1이 좀 더 나아지기 위해 발버둥 치는 모습으로 보인다. 뚜렷한 결론에 도달하지 못하는 의미 없는 활동일 뿐이다.

나는 최근 대부분의 강연에서 나 자신과 청중들에게 다음과 같이 말했다. 비록 캘리포니아 출신이긴 하지만 나는 자기계발을 믿지 않고, 실제로 자아를 개선하는 것을 원치 않는다고 말이다. 간혹 이러한 발언에 놀라는 사람들도 있다. 하지만 그 누구의 자아 2도, 태어날 때부터 죽는 그 순간까지 개선을 필요로 하지는 않는다고 생각한다. 자아 2는 언제나 옳다. 다른 누구보다도 나 자신은 그러한 사실을 기억할 필요가 있다. 우리의 백핸드는 좋아질 수 있고, 나의 글쓰기 실력도 개선의 여지가 있다. 이 지구라는 행성에서 상호작용을 하는 우리의 기술 또한 나아질 수 있다. 하지만 인간의 본성에는 굳이 고쳐야 할 문제가 없다는 점을 인지하는 것이 바로 마음의 안정을 가져올 수 있는 기반이 된다.

나는 자아 1의 엄청난 방해 공작을 인지하지 못하면서 이런 주장을 하는 것이 아니다. 오히려 자아 1의 영향에 면역을 지닌 부분이 분명 우리 안에 존재한다는 사실을 개인적으로 경험했기에 하는 말이다. 그러나 나는 너무나 오래전부터 이와 반대로, 즉 '내가 잘못했고, 제대로 하도록 다시 배워야 한다'라고 믿어왔기 때문에 위와 같은 사실을 반복해서 나 자신에게 주지시켜야 할지도 모른다.

이렇게 자신에 대한 부정적인 사고를 가졌던 나는 더 잘하기 위해 노력하는 삶을 살아왔다. 하지만 이는 결코 즐겁지 않았고, 적절한 보상이 주어지지도 않았다. 나는 누군가를 기쁘게 하거나 달래기 위해 내게 주어졌던 기대치에 부합하거나 이를 넘어설 수 있었지만 그 대가로 나 자신과의 관계를 희생했다. 자아 2는 가만히 내버려 두면 주어진 역할을 멋지게 수행해 낸다. 나는 '테니스의 이너 게임'을 추구하는 과정에서 이러한 사실을 매우 실질적으로 경험할 수 있었다. 나는 자신에 대한 신뢰를 저버리지 않을 것이고, 이러한 신뢰를 악화하는 어떠한 간섭으로부터도 나 자신을 보호할 것이다.

마음의 안정을 위해 어떤 일을 더 할 수 있을까? 이너 게임의 메시지는 단순하다. 집중이다. 당신이 정말로 존재하고 있는 유일한 순간인 현재에 집중하는 것이 이 책의 핵심이며, 모든 것을 잘 해낼 수 있는 핵심 기술이다. 이는 과거의 잘못이나 영광에 대한 집착이 아니다. 또한 현재에 충실하지 못하면서 두려움이나 헛된 망상으로 미래에 사로잡혀 있는 것도 아니다. 집중한다는 것은 마음이 당신에게서 떠나지 않도록 하는 능력을 의미한다. 생각하지 않는다는 것이 아니라 주체적으로 자신의 생각을 이끌어간다는 뜻이다. 이러한 집중은 테니스 코트에서뿐만 아니라 식사를 준비할 때나, 긴장감이 감도는 회의실에서, 또는 막히는 길에서 운전하면서도 연습할 수 있다. 혼자 연습할 수도 있고, 대화하면서도 가능하다. 머릿속에서 떠오르는 잡념을 억누르면서 타인의 말을 경청하는 데 온전히 집중하기 위해서는 자신에 대한 신뢰가 필요하다. 자아 1의 걱정과 바람, 지시에 귀 기울이지 않으면서 테니스공의 모든 움직임을 하나하나 지켜볼 때처럼 말이다.

내가 통제할 수 없는 것을 받아들이고, 통제할 수 있는 것을 잘 조절할 때 마음의 안정을 얻을 수 있다. 대학 졸업 후 첫해 어느 추운 겨울이었다. 나는 삶과 죽음에 대한 겸허한 수용이 어떤 힘을 발휘할 수 있는지 처음으로 경험했다. 홀로 폭스바겐을 타고 메인주의 작은 마을을 출발해 뉴햄프셔주 엑세터로 향하던 중이었다. 자정 무렵 내 차는 얼어붙은 노면에서 미끄러지면서 한 바퀴 돌더니 도로를 벗어나 도로변에 쌓인 눈더미에 처박히고 말았다.

차 안의 공기는 빠른 속도로 얼어붙기 시작했고, 진퇴양난의 상황으로 인한 중압감이 나를 짓눌렀다. 바깥 온도는 영하 20도였고, 내가 가진 건 걸치고 있던 스포츠 재킷이 전부였다. 움직이지 못하는 차 안에서는 몸을 녹일 방법이 없었다. 차량이 지나가길 기대하기도 힘든 상황이었다. 마을을 지나쳐 20분 정도 달려오는 동안 단 한 대의 차량과도 마주치지 못했었다. 농가나 경작지도 보이지 않았고, 전화부스조차 눈에 띄지 않았다. 문명 세계와 단절된 느낌이었다. 지도가 없었기에 얼마나 더 가야 마을이 나올지 알 수 없었다.

나는 선택의 기로에 놓였다. 차 안에 계속 머무른다면 분명 얼어 죽을 것이다. 그렇다면 밖으로 나가 걸어야 하는데, 다음 마을이 곧 나타나리라는 희망을 안고 앞으로 걸어야 할지, 아니면 지나온 길로 25km를 돌아가 도움을 요청할지를 결정해야 하는 순간이었다. 잠시 고민한 다음 나는 미지의 길에 발을 들여놓기로 마음먹었다. 영화 속 주인공들도 다 그렇게 하지 않는가? 나는 열 발자국 정도 앞으로 걸어간 다음, 갑자기 별다른 이유 없이 마음을 바꿔 다시 반대 방향으로 걷기 시작했다.

3분 정도 지나자 귀가 마치 떨어져 나갈 듯 얼어붙었다. 나는 달리기 시작했다. 하지만 추위로 인해 금방 에너지가 고갈되고 말았다. 서서히 속도를 줄이다가 다시 걸었다. 이번에는 2분 정도 지나고 나니 너무나 추워져 계속 걸을 수가 없었다. 또다시 달렸다. 하지만 피로가 몰려오는 속도는 점점 더 빨라졌다. 달리는 시간은 점차 줄어들었고, 걷는 시간도 마찬가지였다. 이런 식으로 계속 가다가는 마지막 모습이 어떻게 될지 눈에 선했다. 도로 한쪽에서 눈에 덮인 채 얼어붙고 말 것이 자명했다. 바로 그 순간, 난관으로 여겨졌던 상황이 나의 마지막으로 보이기 시작했다. 죽음의 가능성을 인지하자 나는 서서히 발걸음을 멈췄다.

잠시 생각에 잠긴 후에 나는 큰소리로 외쳤다. "좋아. 어차피 이렇게 된 바에야 될 대로 되라지. 난 준비됐어." 진심이었다. 이렇게 내뱉은 다음 더 이상 생각하지 않았다. 그리고는 천천히 거리를 걷기 시작하자 고요한 밤의 적막한 아름다움이 눈에 들어왔다. 밤하늘에 빛나는 별의 고요함과 나를 둘러싸고 있는 희미한 여명의 사랑스러움에 빠져들었다. 모든 것이 아름답게 보였다. 그 순간, 나는 갑자기 달리기 시작했다. 놀랍게도 40분 동안 멈추지 않고 달렸고, 멀리 창가에서 스며 나오는 불빛을 발견하고 나서야 멈췄다.

이렇게 오랫동안 쉬지 않고 달릴 수 있는 힘은 도대체 어디서 나왔을까? 두려움에 사로잡혔던 건 아니다. 피곤함이나 추위도 느끼지 못했다. 지금 이 이야기를 꺼내고 나니 '죽음을 받아들였다'는 말이 모호하게 들린다. 포기한 것은 아니었다. 역설적으로 들리겠지만 움켜쥐고 있던 삶의 동아줄을 놓는 순간, 모든 걸 내려놓은 상태로 삶을 향해 달려갈 수 있는 에너지가 분출된 것이다.

'내려놓다'란 단어는 잃을 것이 없는 마음가짐을 지닌 테니스 선수를 묘사하기에 적절한 말이다. 그런 선수는 결과에 집착하지 않고 마음껏 경기를 펼친다. 자아 1의 근심 걱정은 보다 진정한 자아의 자연스러운 관심으로 대체된다. 신경을 쓰면서도 마음을 비우는 것이요, 노력하면서도 동시에 힘들이지 않는 것이다.

이너 게임의 목표

~~~~~~

이제 흥미로운 마지막 결론에 도달했다. 우리는 지금까지 어떻게 하면 자아 2에 보다 쉽게 접근할 수 있을지, 그리고 어떤 외면의 게임을 하더라도 이를 잘 수행하고, 더 많은 것을 배울 수 있을지에 관해 이야기했다. 이를 위해서는 집중, 신뢰, 선택, 비판 없는 인식이라는 도구가 필요하다. 하지만 아직 제기하지 않은 질문이 한 가지 있다. 이너 게임에서 승리하는 것은 어떤 의미인가?

수년 전 나는 이 질문에 대한 해답을 구하려 노력했다. 가장 중요한 질문이라고 생각하는 점에는 변함이 없지만 이제는 더 이상 그런 시도를 하지 않는다. 이 질문에 대한 해답을 구하려는 시도는 자아 1을 소환해 오해를 불러일으킬 소지가 있다. 자아 1은 이 질문에 대한 답을 모르고, 앞으로도 알 수 없다는 사실을 인정하는 것만으로도 장족의 발전을 한 셈이다. 그렇게 되면 개인이 자기 존재의 필요성을 느끼고, 내적 욕망을 따르면서, 진정으로 갈망하는 것을 찾게 될 기회가 늘어난다. 그래도 나는 한 가지 사실에 안도할 수 있다. 자아 2만은 외부로부터의 인정이나 칭찬이 아무런 의미가 없다는 점을 알고 있기 때문이다.

다가올 미래

사람들은 내가 이너 게임의 미래에 대해 어떤 생각을 가지고 있는지 묻곤 한다. 이 게임은 내가 태어나기 전부터 진행되었고, 내가 죽고 나서도 계속될 것이다. 그렇기 때문에 이너 게임에 대한 비전을 가지는 것은 내 몫이 아니다. 이너 게임은 자체적인 비전을 가지고 있다. 이를 옆에서 지켜보고 같이 즐길 기회를 가진 것만으로도 행운이었다고 생각한다.

이 책에서 정의한 이너 게임의 방법과 원칙이 어떻게 발전하고 적용될지에 관해 말한다면, 아마도 다음 세기에는 더욱더 중요해지지 않을까 싶다. 인류 역사상 지난 수백 년 동안은 외부의 도전을 극복하는 데 몰입해야 했기 때문에, 내부의 도전에 집중해야 할 필요성은 간과되어 왔다고 생각한다.

스포츠에서는 종목을 막론하고 가르치는 입장에 선 모든 사람이, 자신이 가르치는 수강생들로 하여금 외면의 기술과 내면의 기술을 모두 발전시킬 수 있도록 지도하는 역량을 갖추길 바란다. 그렇게 할 수만 있다면 경기를 하는 사람들뿐만 아니라 가르치는 사람 역시 자신에 대한 자부심을 느낄 수 있을 것이다.

나는 비즈니스, 의료, 교육, 그리고 인사 분야에 종사하는 모든 사람이 인류 발전에 대한 이해를 증진하고 더불어 내면의 기술도 발전시키리라 믿는다. 우리의 외면과 내면 간의 균형을 되찾는 것은 심오하면서도 오랫동안 갈구해 온 부분이다. 나는 아직 우리가 이러한 과정의 초기 단계에 머물러 있다고 생각한다. 이는 자기중심주의와는 다르다. 자신을 개선하는 방법을 배움으로써 자연스럽게 전체에 기여할 수 있는 자기 발견의 과정인 것이다.